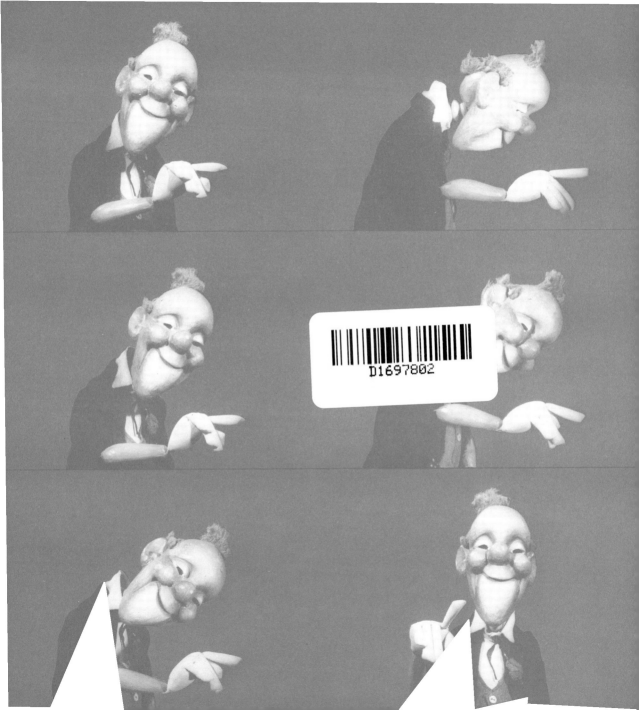

Albrecht Roser
GUSTAF UND SEIN ENSEMBLE

Beschreibungen eines Puppenspielers

Bleicher Verlag

CIP-Kurztitelaufnahme der Deutschen Bibliothek

Roser, Albrecht:
Gustaf und sein Ensemble : Beschreibungen e.
Puppenspielers / Albrecht Roser. – 1. Aufl. –
Gerlingen : Bleicher, 1979.
 ISBN 3-88350-301-0

© 1979 bei Bleicher Verlags-KG, D-7016 Gerlingen
Alle Rechte vorbehalten
1. Auflage
Umschlag: Hans Schultz-Severin, D-7000 Stuttgart
Satz und Druck: Maisch & Queck, D-7016 Gerlingen
Bindearbeiten: Carl Dieringer, D-7000 Stuttgart
Reproduktionen: Gerd Preiss, D-7016 Gerlingen
ISBN: 3-88350-301-0

INHALT

1. Vorwarnung und Einführung 7
2. Anknüpfung und Einfädelung 8
3. Geschichtliches, Gewichtiges 11
4. Wie ich wurde, was ich bin 17
5. Ausbildung bei einem Meister 29
6. Der Clown Gustaf 37
7. Die Oma aus Stuttgart 47
8. Von Stuttgart nach Böblingen: Die Weltreisen beginnen 51
9. Im Namen Goethes 68
10. Fahrt über sieben Grenzen 77
11. Grenzgeschichten – *oder* Wenn man an eine Grenze kommt 89
12. Tagesläufe 95
13. Künstler sind schwierige Leute 101
14. Das Ensemble 105
15. Fernsehen *oder* Der dritte Ton 138
16. Gustafs Publikum 152
17. Spielend um die Welt 159
18. Die Traumreisen 165
19. Das war's, fürs erste 172

BILDNACHWEIS

Die Fotos für die Seiten 16, 31, 50, 58 (unten), 76, 90, 96, 104, 107, 119, 123, 137, 140, 141 (links), 147, 150 und 158 stammen von Albrecht Roser.

Die Fotos auf den Seiten 6, 10, 28, 36, 45, 46, 69, 100, 109, 110, 111, 112, 113, 114, 115, 116, 117, 118, 120, 148, 164 und 166 stammen von Ingrid Höfer.

Die Fotos für die Seiten 58 (oben) und 144 stammen von Hugo Jehle.

Das Foto für die Seite 141 (rechts) stammt von Alexander Gordon.

Die Vignetten zu den Seiten 75, 151 und 171 zeichnete Albrecht Roser.

Soweit bei den Fotos nichts anderes angegeben ist, stammen die Marionetten, Puppen und Masken von Albrecht Roser.

Krokodil 1952

*Meinem Publikum
gewidmet!*

Albrecht Roser

1. Kapitel

Vorwarnung und Einführung

Ich glaube, Sie sollten wenigstens ein bißchen vorbereitet werden auf das, was Ihnen bevorsteht. An *Übliches* denken Sie ohnehin nicht. Vielleicht können Sie Ihre Grundhaltung erweitern und nichts *Normales* erwarten. Was kann herauskommen, wenn der Puppenspieler Roser ein Buch schreibt, das er mit seinen sämtlichen Anliegen befrachten und trotzdem am Trockenen wie am Pathetischen vorbeisteuern will? Es bleibt ihm das *Erzählen,* lateinisch: narrare – was eine elegante, weil bildungbeweisende Brücke bildet zum Narren. *Ridentem dicere verum* heißt für mich ungefähr: lachend das Seine sagen – frei nach Horaz.

Auf die Gefahr hin, daß Sie es schon wissen: ich bin der Meinung und befinde mich damit in bester Gesellschaft, daß Lachen so gut Bestandteil unseres täglichen Lebens sein muß wie Weinen; daß Lachen Ernsthaftes und Substanz nicht verhindert, geschweige denn ausschließt.

In dieser Richtung habe ich's versucht. Ich bin neugierig, ob es gelungen sein wird. Sie entscheiden.

2. Kapitel

Anknüpfung und Einfädelung

„Ja, kann man denn davon leben?"
„Wieviele Fäden hat so eine Marionette?"
„Basteln Sie Ihre ‚Püpple' selber?"
„Und was arbeiten Sie?"
„Und was machen Sie beruflich?"
Auf viele, auch solche Fragen versuche ich, in diesem Buch zu antworten, – genauer: eine Antwort zu schreiben. Ich weiß inzwischen: Schreiben ist nicht Reden. Und: ich bin kein Schreiber, eher ein Redner. Geschwätzigkeit ist eine große Gefahr. Wenn ich ihr nicht erliege, und Sie wenigstens ab und zu einen Happen Fleisch in Kraut und Rüben finden, haben wir Glück gehabt. Ich will mich damit zufriedengeben.
Schreiben ist mir neu. Ich werde vielleicht etwas Unvollkommenes liefern. Der Verleger wird mir das Konzept eines Tages unter den Händen wegziehen und es drucken. (Jetzt ist es schon soweit!) Er wird dann finden, daß es nun genug sei mit meinem Hang zur Perfektion. Der wird mir allgemein nachgesagt, und dann muß ja wohl etwas Wahres dran sein. Wir kommen später darauf zurück.
Aber vielleicht sollten Sie doch lieber fernsehen, als ein Buch lesen, das Ihnen mit Sicherheit keine Literatur, keine Sensationen, keine Enthüllungen, keine Versprechungen, keine Rezepte und so eigentlich nichts bietet, als das, was ausgerechnet *ein Puppenspieler* Ihnen in einem Buch vermitteln kann: keine Ansammlung von angelesenem Wissen, aber die Mitteilung von selbstgesammelten Erfahrungen – ein wenig von den Vorstellungen, ein wenig Beschreibung, ein wenig Kenntnis, ein wenig Befriedigung Ihrer Neugier und ein wenig Unterhaltung!
Dieses Buch ist kein „vernünftiges" Buch. Wer es trotzdem liest, ist selber schuld – und wird sehen, was er davon hat.
Warum schreibe ich denn auch noch, um alles in der Welt, statt einfach weiter mit Marionetten für das pp Publikum zu spielen? Ich möchte Ihnen vorstellen, was „Gustaf und sein Ensemble" ist, und beschreiben, wie ein Zeitgenosse zu einem erfüllten Leben kam durch einen Beruf, den man Puppenspiel nennt. Von einem Beruf also, von einer Tätigkeit soll die Rede sein, nicht von einer privaten Existenz. Die bleibt hinter den Kulissen; sie soll nur manchmal zwischen den Zeilen zu finden sein, nicht mehr als zum Verständnis notwendig ist. Der Schreiber will sich zwar äußern, aber nicht veräußern. Das Buch soll

auf oft gestellte Fragen antworten, ein paar Meinungen und Erkenntnisse mitteilen, es soll berichten von Marionetten und denen, die sie führen, von Vorstellungen und Reisen, von Erlebnissen und Erfahrungen, von Anstrengungen und Erfolgen eines, den sich die Puppen zum Spieler gemacht haben.

Eines schönen Tages im Frühjahr 1951 suchte ich den Stuttgarter Marionettentheaterdirektor Gillmann im Kunstgebäude auf. Ich saß wartend vor der Bühne, während er das holte, was er mir zeigen wollte. Spärliches Licht erhellte den Raum. Da trat aus dem Halbdunkel auf leisen Sohlen mit langen, schwingenden Schritten ein Wesen heran, den auf die Brust gesunkenen Kopf rhythmisch wiegend. Die Nase hing gewichtig von der niedrigen, faltigen Stirn herab, Triefaugen funkelten böse darunter hervor. Wie schlaffe Säcke umrahmten die Hängebacken das gewaltige Kinn, dessen Kerbe unter der Nase den höhnisch gesichelten Mund ahnen ließ. Das Gesicht schien sich zu bewegen, die Nase schnüffelnd zu schlenkern. Was für ein Ausdruck! Eine Hexe im Lumpenkleid, mit Schürze und langem Rock! Eine wirkliche Hexe! Die Füße steckten in Filzpantoffeln, die kralligen, knotigen Hände hielten den Besen. Sie zögerte im Licht, hob mißtrauisch den Kopf und schickte einen Blick in die Runde. Witternd wendete sie sich in verschiedene Richtungen, setzte unschlüssig einen Fuß dahin und dorthin, um sich schließlich wieder zum Gehen zu wenden mit einem über die Schulter geworfenen hämischen Grinsen. Lautlos verschwand sie, wie sie gekommen war, hinter den Beinen des Marionettenspielers, des Theaterdirektors, der mir seine Neuerwerbung vorführte. Ich hatte ihn vollkommen vergessen, der oben an den Fäden der Puppe existierte und hantierte. Ich hatte vergessen, daß es *Materie* war wie Holz, Stoff und Farbe, was dort als Lebewesen gewirkt hatte. Mit einem Schlag schwanden viele Zweifel, Verklemmungen und Barrieren, die der Krieg und die Zeit danach in mir verursacht hatten. Ich glaubte der Hexe, sie hatte mich von ihrer selbständigen Lebendigkeit überzeugt, obwohl ich wußte und sehen konnte, daß ein Mensch sie an Fäden führte, daß es eine Marionette war – *nur eine Kunstfigur?* –, die sich dort zeigte, von allen Seiten, selbstsicher, ja kokett, voller Regungen, unheimlich und unbegreiflich, voller Geheimnis und Anziehungskraft, voller Magie. Ich war perplex und gleichzeitig begeistert, denn mit dieser Begegnung hatte sich etwas Entscheidendes für mich ereignet.

Seit damals bin ich diesen Wesen restlos und rettungslos verfallen.

3. Kapitel

Geschichtliches, Gewichtiges

Dieses Buch ist ein persönliches Buch und handelt hauptsächlich von der Persönlichkeit der Marionetten. Lieben Sie Persönlichkeit? Oder anders gefragt: Sind Sie Person? Tönt ,,es" bei Ihnen durch? Und was ist ,,es"? ,,Es" ist Puppenspiel, und Puppenspiel ist so vieles, daß man eines Tages, wenn man es lange genug durchgestanden, genossen, gelebt, geliebt und erlitten hat, ein Buch darüber schreiben muß – glaubt zu müssen, zu können, zu sollen und schließlich zu wollen.

Von da ab geht's los: Verlag, Vertrag, verheiratet. Man wird um und umgestülpt, und manch' Körnlein fällt dabei aus den eigenen Taschen, von dem man nicht wußte, daß es darin war: nicht schlecht, besonders im vorliegenden Fall! Vom Puppenspiel soll die Schreibe sein – besonders natürlich von ,,Gustaf und seinem Ensemble", einer holzköpfigen Truppe, die seit 28 Jahren durch die Welt und über deren bedeutungsvolle Bretter zieht.

Sie kennen doch Puppenspiel? – Den alten *Pole Poppenspeeler,* der seit Jahrzehnten immer wieder von einem unserer tüchtigen Reporter entdeckt wurde, als den, oder doch einen der letzten dieser vergehenden Zunft? Wem der Untergang so oft angehängt wurde, der lebt vermutlich ewig. Es wäre auch wirklich jammerschade, wenn Puppenspiel eines Tages aufhören würde. Denn es ist eine ungeahnte, wundervolle Möglichkeit, Leben zu leben. Mit einer Entdeckungsreise, die so aufregend sein kann, wie eine Atlantiküberquerung im Lederboot, beginnt eine Expansion nach innen, die sich kaum aufhalten und abgrenzen läßt. Das ,,mehr wollen" war der Urtrieb seit Urzeiten. Im Zeitalter der Massen aber wird sich unser Sinn wandeln müssen. Dem Genügen nach außen sollte die Wendung nach innen entsprechen. Der Einengung unseres modernen Lebens kann Einhalt geboten werden, der schon verlorene Lebensraum wird in seinem vollem Umfang nach innen zurückgewonnen. Es braucht niemand nach Bewußtseinserweiterung zu haschen, so lange die Gelgenheit besteht, auf den nächsten ,,Trip" mit der jüngsten der selbstgeschaffenen Puppen zu gehen.

Wenigstens versuchen könnte man's ja einmal. Dazu gehört nicht so sehr viel, und so teuer, so riskant wie andere Reisen ist es auf keinen Fall. Diese letzten Sätze wurden als zeitnaher Bezug und zur Motivation geschrieben. Zeitnah und motiviert sein ist wichtig, das

Bild links: Experimente mit Holzmasken

soll an mir nicht spurlos vorüber gehen. Weitere aktuelle Bezüge zum Thema folgen hier: *Kaspertheater* (oder schwäbisch genau: *Käschperlestheater*) – *Marionettenregierung* – *Drahtzieher* – *süße Puppe* – *puppig* – *marionettenhaft* – *die Puppen sind am Tanzen* – *strahlende Kinderaugen* – *maskenhafte Starre.* Da haben Sie eine kleine Auswahl von Bezügen aus unseren Journalen, wie sie am und im Metier jedes Puppenspielers von durchschnittlichen Presseorganen gefunden werden, ohne allerdings jemanden so recht zu motivieren.

Puppen sind uralt, niemand weiß viel darüber. Wenn wir den Fetisch zum Bereich der Puppe rechnen, liegt die Vermutung nahe, daß schon Jäger und Fallensteller den magischen Zauber entdeckten und zu einem Teil ihrer Religion machten. Vor Beginn der Jagd wurde das Wild aus einem Stück Holz oder einem Stein dargestellt und im Vorvollzug der Wirklichkeit fest in der Hand gehalten. Vielleicht ist es überhaupt die erste Auseinandersetzung des Menschen mit seiner Umwelt durch magische Kräfte, durch die Entdeckung einer wichtigen, einer fundamentalen Gabe: der Fähigkeit, selbst schöpferisch zu sein, d. h. Materie zu beseelen. Das ist ein wesentlicher Punkt für die Definition des Begriffes „Puppe"; keine formalen Grenzen engen die Puppe ein. Entscheidend für ihre Existenz ist zuerst eine seelische Kraft. Das Kind verwandelt ein völlig ungeformtes Stück Holz, indem es durch seine eigene seelische Kraft und Vorstellungsgabe aus dem Holz eine geliebte Spielpuppe macht, ihm ein Stück seiner eigenen Seele beigibt und es: *Dora, Ingrid* oder *Paul* nennt. Das Kind wird im ursprünglichsten Sinn schöpferisch tätig oder *„creativ"* wie man heute sagt. Das Glück, das die schöpferische Tätigkeit auslöst, ist aber nicht dem Kinde vorbehalten.

Dieses Stück des Paradieses ist dem Erwachsenen genauso beschieden, wenn ihm die Creativität, das schöpferische Tun gerät.

Anwendungsmöglichkeiten des Puppenspiels sollen hier nur ganz am Rande erwähnt werden. Wen dieser Weg interessiert, der schlüpfe schnell durch dieses Gedankentürchen. Ich möchte es wieder schließen, weil der Einsatz des Puppenspiels in allen möglichen Gebieten der Kindererziehung, Verkehrserziehung, Zahnpflege, Sexualaufklärung, Sozialpädagogik und Psychotherapie die Gefahr heraufbeschwört, eine Kunst vom Puppenspiel gar nicht erst entstehen zu lassen, sondern irgendwo stecken zu bleiben, wo Puppenspiel als Hilfspädagogik oder ähnlich Nützliches in handwerkliche, bestenfalls kunsthandwerkliche Bereiche hineinwächst. Und wieder finde ich es jammerschade, wenn ein Medium wie das Puppenspiel lediglich *zu bestimmten Zwecken* gebraucht, deutlicher gesagt: mißbraucht würde. Auf dem Gebiet des Spiels ist zwar durchaus das Lernspiel zu akzeptieren. Auf das selbstvergessene, zweckfreie, glückliche Spiel des homo ludens wollen wir aber auf keinen Fall verzichten, des homo ludens, der den homo sapiens ablösen und überhöhen wird. Bewahren wir uns dieses unnütze, absichtslos in sich ruhende, glück- und friedvolle Tun, das *Spiel* heißt – etwas in dieser nützlichen Welt muß bleiben, um uns von all dem Nutz und Frommen zu erholen. Bewahren wir uns schöpferische Pausen in alles vernünftige und erfolgreiche Arbeiten hinein, lassen wir uns unsere Seelen neben unserer rastlosen Ratio nicht verkümmern! Träume sind unverzichtbarer Bestandteil unseres Schlafes, und damit unseres Lebens. Es gibt noch mehr Unverzichtbares, das bis heute nicht wissenschaftlich erwiesen und deshalb auch scheinbar (noch) nicht relevant ist.

Da bin ich schon ins Philosophische geraten – kein Wunder bei einem Schwaben und Puppenspieler dazu: das sind zwingende Voraussetzungen. Puppen sind eine vorzügliche Anschauung für das Wesen Mensch, seine Gegebenheiten und seine Schwierigkeiten, für das Wesen seiner bewußten und seiner unterbewußten Existenz. Vielleicht wirkt die Puppe im Spiel auf Kinder deshalb so stark, so völlig unkontrolliert direkt, weil bei Kindern Bewußtsein und Unterbewußtsein noch nahe beinander sind, und hier beide Bereiche zugleich angesprochen werden. Das Spiel der Puppen ist zweifellos ein Theater für Kinder, wie man sich es nicht besser vorstellen kann. Aber ist es ausschließlich ein Theater für Kinder? Und kann das, was ausschließlich für Kinder und vor Kindern entwickelt wird, zur Kunstform gedeihen? Ich glaube: nein! Und meine, daß die Kunstform Puppenspiel als jüngste und ins Bildnerische sowie Technische weit übergreifende Form der darstellenden Kunst für, vor und mit einem erwachsenen Publikum aufgebaut und weitergeführt werden muß, soll sich die Volkskunst Puppenspiel vollends zur Kunstform mausern.

Was geht eigentlich vor, wenn Sie ein Puppentheater besuchen? Gibt es einen Unterschied zum „richtigen" Theater? Wir einigen uns schnell auf wenigstens einen: hie Puppen – dort Schauspieler. Schein wird geboten im Theater, nicht Leben. Da ist die Puppe dem Schauspieler voraus, denn schon ihre Existenz ist Schein. Jeder Schritt, jedes Wort, jede Geste, geschieht nicht „wirklich", die Akteure auf diesem Supertheater leben ausschließlich von Ihnen, vom Publikum. Nur das, was in Ihnen selbst geschieht, ja sogar die theatralische Existenz, das Leben der Puppe, hängt von der Fähigkeit und der Bereitschaft des Einzelnen ab, der als Zuschauer vor der Bühne sitzt und das Unwirkliche Wirklichkeit werden läßt, bei sich selbst. Materie wird lebendig – für die Dauer des Spiels und darüber hinaus in Ihrer Erinnerung: Magie. Es scheint Ihnen selbst unglaublich, aber Sie, *das hochverehrliche Publikum,* werden in diesem Theater ebenso *creativ wie die Akteure!* Sicher, auch der Puppen(schau)spieler tut sein Mögliches, er leiht der Puppe Vitalität, er *animiert* – die Puppe und Sie. Er animiert – Sie aber *vollziehen* Leben, wo in rationaler Wirklichkeit keines ist. Sie treffen sich mit all denen im Publikum, die in Gemeinschaft mit Ihnen zusammen glauben, daß dort etwas lebt, entgegen besserem Wissen, weil Puppen ja in dem, was wir unsere ,,Wirklichkeit" nennen, nicht leben können. *Sie als Zuschauer* wurden creativ im Spiel. Es ist ein seltenes und beglückendes Erlebnis für den Erwachsenen. Auch er bekommt rote Ohren und rote Wangen dabei und sogar glänzende Augen – und kommunikativ wird er auch!

Wenden Sie sich nicht empört oder unwillig ab, wenn hier unverhüllt für ein sehr spezielles Theater geworben wird: unverhüllt ist ,,in", und in der Werbung hören Sie sich noch ganz andere Dinge an, ohne mit der Wimper zu zucken, oder die Ohren anzulegen. Eigentlich hat das Puppenspiel keine Werbung nötig, kein Herausstreichen von Sensationen: es hat keine, es ist selbst Sensation!

Die ganze Zeit ist die Rede vom Puppen*spiel*. Kann man denn Spiel ernst nehmen? Vielleicht sollte ich deshalb besser vom Puppen*theater* schreiben. Manchem klingt heute ,,Figurentheater" noch besser. Das Wort ,,Puppe" sei so abgenutzt und belastet mit Assoziationen wie *klein, niedlich, kindlich* – so argumentiert man.

Soll für das Theater der Puppen ein neuer Begriff gefunden werden? Das Ansehen der Sache, das Gesellschaftliche, das Image, könnte einen freilich dazu verleiten. Rangierten die Puppenspieler im Mittelalter gesellschaftlich noch gleich nach den Scharfrichtern, sind die Figurentheaterschaffenden heute insofern besser dran, als es (bei uns) keine Scharfrichter mehr gibt. Sonst hat sich viel Vorurteil erhalten, und hierzulande wird Puppenspiel, Puppentheater nach wie vor mit der verlogenen Romantik des grünen Wagens und der unbürgerlichen Freizügigkeit des Jahrmarkts verbunden. Immerhin gibt es schon Mitbürger, die anschließend an unsere Vorstellung voller Anerkennung sind und diese auch äußern: ,,Also Sie sind direkt ein halber Kinschtler!" Hier sei aber auch der Feuerwehrmann nicht vergessen, der mit gewichtigen Schritten über die Bühne einer kleinen schwäbischen Stadt schritt, wo wir gerade gespielt hatten. Er kam, um uns zu helfen, die Koffer ins Auto zu schleppen, und rief seinen Kollegen dabei zu ,,des isch Konscht, do kanscht nix mache!"

Als drittes soll vom Lob eines gestandenen Schwaben berichtet werden: ,,'s war richtig sche – besser als fufzeh nackte Weiber!"

Sie haben natürlich längst bemerkt, daß ich Sie verführen will – langsam immer neugieriger machen – jedenfalls: in Bewegung versetzen. Mit Puppenspiel, versteht sich! Da einen Faden ziehen, dort anknüpfen, ich bemühe mich, Sie zu umgarnen – nicht um Sie zur Marionette zu machen, nein! Zu einem solchen Vorhaben sind auf beiden Seiten nicht genug

Voraussetzungen vorhanden. Aber näherbringen möchte ich Ihnen die Marionetten. Lassen Sie mich zuerst den Namen erklären, denn vielfältig ist das Geschlecht der Puppen, Figuren, Schemen – viele Namen oder besser: Bezeichnungen, gibt es auf der ganzen Welt dafür. „Puppe" ist ein Überbegriff, der – im deutschen – alles einschließt, von der Metamorphose des Schmetterlings über das Kinderspielzeug bis zur Schaufensterfigur und zum Puppentheater. Für Letzteres möchte ich die verschiedenen Grundformen (unvollständig) aufzählen: Maske, Handpuppe (auch Kasperle genannt), Stockpuppe, Marotte, Stabhandpuppe, Stabmarionette, Schattenfigur, Flachfigur, Marionette oder der Genauigkeit halber: Fadenmarionette, weil in einem großen Teil von Europa das Wort „Marionette" der Überbegriff für alle Puppentheaterpuppen ist, und einfach *eine von Menschen geführte Puppe* bedeutet. Die Herkunft dieser Bezeichnung ist nicht erwiesen. Der Name wird u. a. von „Maria" abgeleitet. Man spielte im früheren Mittelalter mit Fadenpuppen biblische Geschichten!

Die Aufzählung ist unvollständig: es gibt Mischformen, neue Formen, Zwischenbereiche, kurzum: jeder Tag kann mich Lügen strafen oder vieles über den Haufen werfen, was bis jetzt galt. Viele mögen das nicht mögen, ich mag's. Es ist eine der Eigenschaften des Puppentheaters heute, daß es mehr als alle anderen Kunstformen nicht etabliert, sondern jung ist, obwohl es so uralt ist. Spontaneität ist dramaturgische Grundforderung! In der – oft ratlosen – Forderung nach einem lebendigen, nicht nur zu konsumierenden Theater erscheint das als einer der durchaus möglichen Versuche zur Erneuerung.

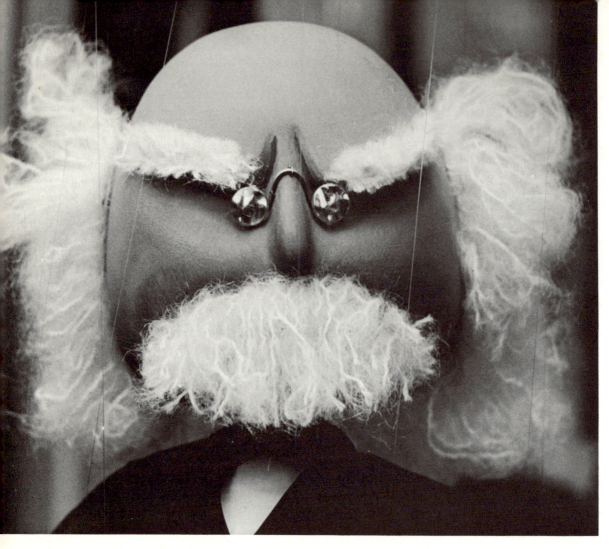

„Geheimrat Prof. Dr. Dr. Friedrich Wilhelm Ambrosius hält eine nicht leicht verständliche, aber vielleicht gerade deshalb besonders interessante Gastvorlesung" (Marionette: F. H. Bross)

4. Kapitel

Wie ich wurde, was ich bin

Wenn ich gefragt werde, vor allem von Amts wegen, was ich von Beruf sei, so hat es seine besondere Bewandtnis mit meiner Antwort. Sie lautet wahrheitsgemäß „Puppenspieler". Nach einer Pause, in der mein Gegenüber vermutlich seine kleinen grauen Zellen erforscht, schickt er einen mißtrauischen Blick von unten herauf und fragt: „W a s sind S i e?" Denn „wie bitte?" oder ähnliche höfliche Floskeln haben sich hierzulande nie eingebürgert. Ich wiederhole also: „Puppenspieler". Ist der Frager intelligent, sendet er mir einen weiteren, diesmal giftigen Blick zu und wiederholt pikiert: „Puppenspieler?" Wenn ich bejahend genickt oder repetiert habe, differieren die Äußerungen oder werden individuell: „So, Puppenspieler – ist das ein Beruf?" – oder „was ist denn d a s?" Ich will nicht weiter aufzählen, was an unerfreulichen und komischen Reden ein Puppenspieler bei solcher Gelegenheit erlebt, sondern nur zum wiederholten Male versichern: „Ja, es ist ein Beruf, wenn auch noch kein etablierter, in Listen geführter und z. Zt. ausbildungsmäßig noch nicht regulierter, nämlich noch immer nicht legal und normal erlernbarer." Diesbezügliche Fragen sind deshalb an sich nicht verwunderlich: „Wie sind Sie denn dazu gekommen?" In unterschiedlicher Betonung vorgebracht, fordert die Frage immer wieder andere Antworten heraus, wobei ich regelmäßig betonen muß, daß „es" nicht in der Familie liegt. Im Gegenteil, die Familie ist normal, anständig, bürgerlich.

Wie ich trotzdem Puppenspieler wurde, ist eine lange Geschichte, die damit anfängt, daß am 21. Mai 1922 in Friedrichshafen am Bodensee ein gesundes Kind männlichen Geschlechts von 6½ Pfund Lebendgewicht zur Welt kam. Es war ein Pfingstsonntag, auf der Kippe zwischen den Sternbildern Stier und Zwilling. Die Mutter Gretel war unglücklich. Sie fand das Kind häßlich. Der Arzt tröstete sie. Ein Jahr darauf lautete der Kommentar einer teuren Schwägerin so: „Die Grete hat ein schönes Kind, es ist zu schön für diese Welt – sie wird es nicht behalten dürfen!" Goldige Locken fielen dem Knaben bis auf die Schultern und später der Schere des Friseurs unter Protest-Tränengeschrei zum Opfer, weil die Mutter abermals unglücklich war über die Unmännlichkeit ihres Sohnes und beschlossen hatte, ihn trotz eher stillverträumter Anlagen in der von ihr als wünschenswert erkannten Richtung nach Kräften zu fördern. Aber einstweilen ging der etwas ängstliche Sohn Albrecht nur an der Hand über den Randstein, duldete keinerlei Flecken auf seiner Schürze, und äußerte trotzdem früh eine künstlerische Begabung. Die bildnerischen Ergebnisse sammelte der Vater Max mit Begeisterung. Er zeigte sie Leuten, von denen er glaubte, daß sie mit Fachverstand bereits Wesentliches über den zukünftigen Künstler aussagen könnten. Es waren darunter viele Bilder, in denen der Teufel und die Hölle mit Sünden im Siedekessel eine Rolle spielten. Über die Vortragskunst des 6jährigen schmunzelte die Familie verschieden stark bis hin zum schallenden Gelächter. Ich erinnere mich, daß die allgemeine Heiterkeit mir überhaupt nicht einleuchtete, als ich mit wichtigem Ausdruck und Kopfnicken und mit großen Augen als Geburtstagsgeschenk für den Vater den Schiller'schen Handschuh deklamierte: „Aber mit zärtlichem Liebesblick – er verheißt ihm sein nahes Glück – empfängt ihn Fräulein Kunigunde." –

Die größte Schwierigkeit meiner ersten Jugend war das Nach-Hause-Kommen nach der Schule, vom Einholen, vom Spiel auf der Straße und im Hinterhof, vom Streifen durch die Gärten des Stuttgarter Westens. Dazu gehörte auch das Verschwinden und Zurückbleiben auf den Spaziergängen mit meinem Vater und während der Wanderungen mit der Familie. Der Ruf „Albrecht, komm doch endlich!" begleitete solche Spaziergänge ständig. Wo immer etwas zu sehen, zu beobachten war, ob das ein Handwerker war, ein Möbelwagen, in den ein- oder ausgeladen wurde, der Schuster, der Sohlen und Absätze richtete, der Schreiner, der Bretter zusägte, der Schneider, der auf dem Tisch saß und nähte oder der Bäcker, der gerade seinen Backofen beschickte, ob gegraben oder gebaut wurde, ob Biergäule in der Sommerhitze mit dem Schnackeln der Haut Fliegen vertrieben, oder beim Anfahren der Straßenbahn am Botnanger Sattel in Eis und Schnee die Funken stoben vom gestreuten Sand, stand ich verloren in der Gegend und war wieder einmal meinem Beobachtungstrieb erlegen. Da halfen keine Ermahnungen und keine Strafen, keine Tränen und keine guten Vorsätze; die Optik war stärker. Bewegungsabläufe und Gesten interessierten mich mehr als alles andere, ich beobachtete überall und immer und auch dann, wenn ich eigentlich nicht hinschauen sollte. So kam es, daß ich an einem Tag dem Pflasterer verfiel, dem Mann, der auf dem kleinen Hocker sitzend mit einer Art Schaufel im Sand das Bett bereitet für den nächsten Pflasterstein, und zu Hause entsprechende Vorwürfe bekam und versprechen mußte, am nächsten Tag sofort nach Hause zu kommen. Aber schon am nächsten Tag mußte mich meine geängstigte und wütende Mutter aufs neue suchen und irgendwo wegholen, wo ich, ganz Auge, Zeit und Raum vergessend, stand und schaute. Im schwäbischen nennt man das „glotzen". Ich fröhne diesem Laster bis heute. Es ist ein Zwang und wahrscheinlich eine Voraussetzung für Schau-Spiel und bildnerische Gestaltung.

Früh übte ich auch Handfertigkeit. Bei unseren Spielen in der Wohnung über der Engel-Apotheke mit dem schimpfenden Apotheker Schwarz ging es meiner Schwester und mir zum Beispiel darum, durch die ganze Wohnung zu wandern, ohne den Fußboden zu berühren. Solche artistischen Unternehmungen über Schränke und Türen spielten sich nicht ohne Unfälle ab. Eines Tages fiel einer der „Augäpfel" unseres Vaters, die gipserne Nachbildung einer antiken Vase, vom Eckschrank auf den Boden. Aber – Glück im Unglück – es wurde nur eine Seite zertrümmert. Wir beschlossen, daß die heile Seite die vordere oder Schauseite sein sollte, und setzten in mühevoller, aber angstgetrieben eifriger Arbeit mit Synthetikon Stück um Stückchen die zerschlagene Seite zusammen, bis die Vase wieder scheinbar unversehrt oben stand. Die Untat kam erst Jahre später anläßlich eines Umzugs auf, dank der schweigenden mütterlichen Mitwisserschaft.

Weitere Entwicklungsphasen ergaben sich aus vielerlei Anregungen zur kreativen Betätigung für alle Feste, so zu Geburtstagen in der Familie oder in der Verwandtschaft. Eine Zeitlang beklebte ich Wachskerzen mit Wachsblumen. Ein besonders prächtiges Exemplar verbog sich in Ofennähe, und wurde zum Wachszieher gebracht zwecks Begradigung. Dort stand die Reparatur auf dem Ladentisch und fand großen Anklang bei der Kundschaft des Kerzengeschäfts. Mein Erwerbstrieb und meine Abneigung gegen das väterliche Modediktat der grauen Bleyle-Knickerbocker und mein eigenes dringendes Bedürfnis nach einem zweifarbig gestreiften Anzug und dazu passenden Schuhen, Hut und Handschuhen ließen mich schnell die Chance erkennen und nützen. Meinem Vater durfte ich allerdings nicht im selbsterwählten, selbstgekauften Habit unter die Augen treten.

Der Gestreifte emanzipierte mich weiter. Begonnen hatte auch dieser Prozeß viel früher. Als ich auf einem Familiensonntagsausflug Grillen fing und meine Eltern fanden, daß es an der Zeit sei, mir eine drastische Lehre zu erteilen statt der fruchtlosen Ermahnung, die Familie nicht immer warten zu lassen. Glücklich und stolz über die beiden soeben ergatterten Prachtexemplare, wollte ich sie meinem Vater vorführen und rannte der Familie nach. Ich rannte und rannte und mußte schließlich bei mir feststellen: die sind weg. Durch Tränenströme hindurch dämmerte mir die Erkenntnis, daß man im Grunde allein ist, niemand absolut angehört und sich auf niemand endgültig verlassen sollte. Etwas Einschneidendes war geschehen und blieb als Erfahrung, auch als dann die Familie aus dem Hinterhalt hervorbrach und den heulenden Grillenfänger wieder in ihre Mitte nahm.

Mit Puppentheater kam ich nur ganz wenig in Berührung. Ein aus lehmiger Erde modellierter Kasperkopf blieb meine intensivste Äußerung zu diesem Thema.

Ein einziges Mal war ich während meiner Schulzeit im Marionettentheater und sah „Das kalte Herz". Ich war schwer enttäuscht. Holländer Michel und Schatzhauser zogen durch meine Märchenträume als phantastische und kaum greifbare Wesen, als Riesen und Zwerge in ganz anderen räumlichen, akustischen und bildlichen Dimensionen. Die Kasperdialoge mit Wortspielen, die ich in einer Jugendzeitschrift fand, kamen mir blöde vor. Theater war am schönsten, wenn wir in der Wohnung eines Schulfreundes auf den drei Stufen des Flurs zusammen klassische Dramen, in Leintuchtoga und Vorhang gewandet, nach deutschen und lateinischen Texten großer Dichter für uns allein spielten und uns unbefangen in ein Pathos hineinsteigerten, das dem Lebensalter und seinen Bedürfnissen angemessen war, ebenso wie die zu Hause dem guten Geschmack zuliebe verbotenen Heiligenbildchen und Brauselimonaden, Schundromane, Kino und Gummibärchen. Neidvoll schielte man in der Schule auf Klassenkameraden, die weniger anspruchsvoll erzogen wurden. Die Einbildung auf das hochgeistige Niveau der eigenen Familie half nur nach außen, sich mit dem Verbot geschmackloser, aber trotzdem heißersehnter Besitztümer oder Genüsse abzufinden.

Solche und andere (finanzielle) Einschränkungen, die durch die lange Arbeitslosigkeit meines Vaters verursacht worden waren, machten mich unabhängig vom allgemeinen Trend und stärkten mein Selbstbewußtsein. In der Schule hatte ich das Glück, mit wenigen Ausnahmen verständnisvolle und einige Male sogar sehr gute Lehrer anzutreffen. Ich erinnere mich noch heute mit Freude an den Rektor Beck in Botnang und an Momente wie den ersten Schneefall des Jahres und die entsprechende Schreibäußerung im Heft: es ist 12 Uhr mittags, hurra, es schneit! Wir durften es so groß schreiben und so viele Seiten benützen, wir wir wollten. Keiner meiner Lehrer verbaute mir Anlagen oder Wege, soweit sie sich zeigten.

Die rhetorische Begeisterung unseres Lateinlehrers „Sherry" über die Rede Ciceros gegen Catilina: „Quo usque tandem..." blieben mir ebenso wie die augenzwinkernde Duldung meiner unverschämten Karrikaturen.

Meine Interessen wechselten mit den Jahren. Dann kam der Krieg. Ich meldete mich freiwillig, freiwillig, freiwillig. Die Gefühle waren dabei durchaus gemischt. Einerseits hatte ich genug Vorstellungskraft und war infolgedessen immer eher vorsichtig geblieben, gelinde gesagt. Andererseits hatte ich Sorge, daß alles ohne mich vorbei gehen könnte, daß ich nichts davon sehen würde. Ungeduldig saß ich nach abgedientem Arbeitsdienst mit meinem Freund Peter Sapper in der alten Stuttgarter Liederhalle, wo die Freiwilligen sich für eine bestimmte Waffengattung entscheiden konnten. Hinter uns beiden reichlich jungen Flausenköpfen saß der Vater meines Freundes, welterfahren und in Kenntnis der Szene und der Menschen. Er bugsierte seinen Sohn und mich mit wenigen geschickten Bemerkungen aus Panzerjäger- und Pionierträumen in die Nachrichtentruppe – „dort werden intelligente Leute gebraucht". So rückten wir zusammen in die Funkerkaserne in Bad Cannstatt ein. Es kamen mit dem gleichen Schub noch mehr intelligente Leute in dieselbe Kompanie und Kumpanei. Niemand ahnte damals, daß einer von ihnen viele Jahre später dieses Buch verlegen würde.

Einschneidend wirkte die Begegnung mit Alfred Schatz, der viele Jahre lang Partner des weltberühmten Clowns Grock gewesen war. Er gehörte zu den „Alten", die in Hauptmann Bentner einen verständnisvollen Förderer bei jeder künstlerischen Betätigung in der Kompanie gefunden hatten. Eine ganze Truppe von Musikern und Artisten war da zusammengekommen und es dauerte nicht lang, da arbeitete ich dort mit als „Schnellzeichner". Beim Kompaniefest sprach mich Alfred Schatz an und schwärmte vom Artistenleben. Er fand, das sei ein Beruf für mich, und ich hörte gerne zu. Als ich zu Hause meine jüngsten Intentionen bekannt gab, und allen Ernstes erklärte: „Jetzt weiß ich, was ich werden will, ich werde Artist!" hatte ich den ersten Erfolg mit der erwählten Profession: die Familie bog sich vor Lachen und wälzte sich vor Vergnügen, als ich beleidigt hinzufügte: „Ihr werdet schon sehen."

Ich kam nach Rußland und erlebte den Krieg und schreckliche Zeiten, aber auch das erste fremde Land in meinem Leben. Zum ersten Mal traf ich auf andere Menschen, hörte eine andere Sprache, eine Fremdsprache, wie wir sagen. Ich finde den Ausdruck unglücklich. Er hat einen abweisenden Klang und sollte doch einen auffordernden haben. Mein Vater war ein leidenschaftlicher Linguist. Ich begann ihn darin zu verstehen. Er hatte es unternommen, im Alter von 50 Jahren aus Büchern russisch zu lernen. Ich lernte es von den Leuten, sowohl von den Arbeitern und Bauern als auch besonders von den Mädchen. Die unbeschreibliche Weite des Landes beeindruckte mich so stark wie die Scheußlichkeit des Krieges. Ich konnte nichts auslassen, überall riß ich die Augen auf und zeichnete. Ich schrieb meinen Eltern, daß ich nicht wieder nach Hause, nach Deutschland, zurückkehren wolle, sondern in den Weiten Rußlands zu bleiben gedenke. Viel hat nicht gefehlt, dann hätte sich der Wunsch erfüllt, freilich anders, als er gemeint war. Der Krieg führte mich bis nach Stalingrad – und ein gnädiges Geschick von dort zurück, es führte mich über Waffenschule und Panzergrenadierkompanie bis Kriegsende und Zusammenbruch, wenigstens äußerlich einigermaßen unversehrt über die Elbe in westliche Gefangenschaft. Es bleibt ein unvergeßlicher Moment in meinem Leben, als ich im Morgengrauen des 8. Mai 1945 mit den Resten der Kompanie im Schützenpanzer, bei uns „offener Sarg" genannt, dreckig, erschöpft an Leib und Seele, hungrig, durstig und miserabel, mit gen Himmel gestreckten Waffen durch die amerikanischen Linien kam. Die Amerikaner waren bis an die Zähne bewaffnet, vor allem auch mit unzähligen Armbanduhren an beiden Armen. Wir und alles an uns, in uns und um uns war eine Beute des Krieges geworden. Und doch beherrschte mich ein einziger Gedanke, ein einziges Gefühl des Aufatmens.

Nach ungeheurem, jahrelangem Druck bemerkte ich mit großem Erstaunen, daß ich überlebt hatte. Jahrelang hatte ich mit meinem eigenen Tod gelebt. So gering waren die Chancen, durchzukommen. Da ließ sich alles besser überstehen, wenn man sich mit dem Tod abfand. Die Angst, die blieb, war die vor dem Sterben. Nun aber wich langsam die Starre von mir. Im Munsterlager hämmerten uns die Lautsprecher der englischen Sieger unsere Erbärmlichkeit und Verworfenheit ein. Wir schmiedeten bei einer Hungerration von elf Keksen am Tag unsinnige Fluchtpläne, die sich jedoch von selbst erledigten.
Äußerlich dürr, aber vollständig und unbeschädigt, innerlich zerrissen und gespalten, stand der Bürgersohn eines Tages aus Kriegsgefangenschaft entlassen auf der Straße und sah sich zum ersten Mal allein mit dem zivilen Leben konfrontiert. Man wurde nur innerhalb der Besatzungszone entlassen, also konnte ich schon aus diesem Grund nicht nach Hause. Es war gut, daß jeder sofort irgend etwas arbeiten mußte, wenn er nicht schwarzhandeln oder weiterhungern wollte. Arbeit hieß: Lebensmittelmarken – die waren wesentlicher als das Geld. Fünf Gramm Fett mußten selbst für ein Steckrübengericht gegeben werden. Jeden Morgen früh klapperte ich auf selbst zusammengeschusterten Holzschuhen durch Celle. Ich war als Hilfsarbeiter in einer Baufirma untergekommen.
Die Baufirma bestand aus einem ehemaligen Hauptmann mit e i n e m Auge, e i n e r Hand und e i n e m Bein, einem Maurerpolier aus Westpreußen und einem ungelernten Arbeiter, das war ich. Mit einem Pfahl mischte ich Sand und Kalk auf der Baustelle. Wir reparierten Bombenschäden, daß die Fetzen flogen. Vor allem hingen sie mir bald von den Händen, aber es machte einem nichts aus. Was war das alles gegen den Krieg? „Das Miiist", sagte mein Polier und meinte Mist, was seinerseits vornehme Zurückhaltung bedeutete, weil ich den Kalkputz mehr auf meiner entschärften Uniform verteilt hatte als auf die Wände, wohin er sollte. Unternehmer wie Polier waren verträglich, ich bemühte mich, die Arbeit wurde getan, und die Zeit ging weiter. Man half sich selber und gegenseitig durch. Zigaretten kosteten immer mehr, zuletzt – glaube ich – acht Mark das Stück, und die Fantasie beschäftigte sich mit dem, was es nicht gab: mit fast allem.
Eines Morgens fand ich auf der Wanderung durch die Straßen an einem Staketenzaun einen Zettel: Artisten gesucht. Da klingelte es, in meiner Erinnerung tauchte der Entschluß früherer Jahre auf, und ich meldete mich. Herr Carlson, der Chef der Truppe, bedauerte höflich und versicherte, man sei komplett. Ich zog weiter auf meine Baustelle, aber der Funke hatte gezündet. Mit einem anderen Ehemaligen, den ich im Lager aufgegabelt und mit auf den Bau gebracht hatte, fing alsbald die Planung einer eigenen Truppe an. Unbelastet von irgend einer Ahnung in diesem Metier, begannen wir, Künstler zu sammeln. Da gab es Anknüpfungspunkte vom Munsterlager her, wo man sich gegenseitig

Zeit und Hunger mit allerhand brotlosen Künsten vertrieben hatte. Außerdem sprach sich bald herum, daß da welche etwas in Gang bringen wollten. Ein Zauberer stieß zu uns. Mené Rump, der Lokalmatador der Freizeitmusiker, erklärte sich zur Kooperation bereit. Er kämpfte hauptsächlich mit dem Saxophon. Auf unseren 100 handgemalten und geschriebenen Plakaten stand „Der Kreisel tanzt durch Celle". Die Premiere, das gesellschaftliche Ereignis von Celle, sollte im „Schwarzen Bären" stattfinden. Es war das einzige Lokal, das nicht von der Besatzungsmacht beschlagnahmt war. Stadtbekannte Persönlichkeiten wirkten bei uns mit, aus gestohlener – pardon – „organisierter" Fallschirmseide nähten die Quartiermütter Hemden für den Auftritt. Ich hatte die Ansage in Deutsch und Englisch übernommen und modifizierte meinen strengen Ton etwas, nachdem die wohlmeinende Kritik der Freunde einhellig dahin lautete, daß es zwar gut, aber zu sehr nach vergangenen Zeiten geklungen habe. Außerdem assistierte ich wortlos dem Zauberer, und bot, ebenfalls wortlos, unserer Diseuse mein Knie als Sitzplatz, wenn sie sang „Je suis seul ce soir...". Wir spielten eine ganze Woche lang vor ausverkauftem Haus. Mein Komplice hatte über einen polnischen D. P. („displaced person") die Lizenz, und auf Grund unseres Vertrauens die Kasse, mit der er machte, was er wollte, und natürlich platzte der Laden nach dieser einen Woche. Die Truppe wechselte den Manager, neue, „richtige" Künstler wurden dazu engagiert und von Hannover nach Celle gefahren, mit einem Holzvergaser, bei dem nur noch zwei Gänge und die Lenkung, sonst absolut nichts mehr funktionierte, weder Bremsen, noch Licht, noch Anlasser. Nach weiteren Intermezzos wurden wir einigermaßen professionell und vom Ehepaar Carlson zur Truppenbetreuung der englischen Besatzungsarmee übernommen.

Es war ein seltsam zusammengesetztes und buntes Programm. Nicht nur Artisten arbeiteten bei unserer Vorstellung mit, aber solche hatten wir auch. Eine unserer Neuerwerbungen war ein Geflüchteter von der Waffen-SS, den die Franzosen bereits in der Mangel gehabt hatten. Er brachte sich danach auf unglaubliche Weise um seine Tätowierung, indem man mit Brennschere und ähnlichen Utensilien einen Durchschuß markierte. Wir beide trieben nach zwei Monaten Unfug, vor allem während des allabendlichen Finales auf der Bühne, wo alle Künstler sich zu versammeln hatten, um gemeinsam mit dem Publikum stehend „God save the Queen" zu singen. Es gelang uns immer wieder, durch Textänderungen den Gesang auf der Bühne zu erschüttern. Im gegenseitigen Einverständnis wurde unser Arbeitsverhältnis gelöst. Auf irgend einem Güterzug fuhren wir nach Celle zurück in die Winterquartiere. Wir hatten ja inzwischen längst einen Wandergewerbeschein, der uns zu angeblich nützlichen Bürgern machte, die Anspruch auf Lebensmittelkarten hatten. Alles andere machte uns keine Sorgen.

Inzwischen hatte ich vorsichtig meine Fühler nach Süden ausgestreckt, nach Hause. Ich konnte mir ausrechnen, daß dort nicht alles zum Besten stand, denn mein Vater war in der Gauleitung angestellt gewesen und deshalb mit Sicherheit in Schwierigkeiten geraten. Nachrichtenübermittlungen von einer Besatzungszone in die andere waren nur möglich durch die bewährte Methode des Sich-Umhörens, ob zu der Zeit jemand die Reise südwärts riskierte. Man gab dann demjenigen die Adresse und etliche Zeilen mit. Der Nachrichtendienst funktionierte; nach mehreren Monaten kam auf demselben Weg die erste Kunde von daheim: Vater interniert, sonst alles soweit wohlauf. Die Nachricht kostete meine Mutter die zwei besten Anzüge meines Vaters, die Boten erschwindelten sie sich unter der Vorgabe, ich hätte darum gebeten. Die Herrschaften erleichterten mich gleichfalls, aber nur um Geld. Sie nannten sich „Fehling" und verschwanden dann für immer aus meinem Gesichtsfeld. Ich hatte inzwischen einen Unfall gehabt. Als ich meinem Quartierwirt beim Stumpenroden half und für den Winter mit ihm zusammen auf einem Leiterwagen das Holz nach Hause schob, fuhr uns ein englischer Lkw über den Haufen und in den Graben. Mein linker Arm war mehrfach gebrochen und kam erst nach 48 Stunden in Gips. Den benützte ich als Schraubstock und fing an, in Holz zu schnitzen. Ich schrieb kunstvolle Sinnsprüche und baute kleine Schiffsmodelle – alles zum Verkauf im damals aufblühenden Kunstgewerbe. Das Geschäft florierte. Aber meine Gedanken gingen jetzt immer öfter nach Hause, und eines Tages, im Frühjahr 1946 fuhr ich meinen Gedanken nach. Die Reise wurde sorgfältig überlegt und vorbereitet. Ein Menjoubart schmückte meine Oberlippe, Sonnenbrille und Schlapphut vervollständigten meine Reisekleidung. Nach abenteuerlicher Überquerung der Zonengrenze in Hannoverschmünden, nächtlichem Gang durch das zerstörte Kassel und Nachtquartier in einem ehemaligen Luftschutzbunker zusammen mit Männern aus allen möglichen Ländern, Alters- und Berufsschichten, auf allen erdenklichen Reisen von Schwarzhandel bis Flucht, erreichte ich im Bremserhäuschen eines völlig überfüllten Güterzuges das heimatliche Remstal. In der Dämmerung kam ich zu unserem Haus in Buoch. Meine Mutter erschrak zu Tode, denn sie erkannte den Fremden nicht sofort. Sie mußte damals immer mit allen möglichen Zwischenfällen rechnen. Die Wiedersehensfreude war groß und nur getrübt vom ungewissen Schicksal meines Vaters.

Ich suchte nun mehr und mehr bewußt nach einem Beruf, ich wollte unbedingt etwas tun, was meine unversehrte Rückkehr aus diesem Krieg rechtfertigen würde. Selbstverständlich fragte man sich nach dem Sinn, man fragte sich, warum man zu den Übriggebliebenen zählte. Der Zufall ist keine ausreichende Erklärung für einen, der überlebt hat. Eifrig schmiedete ich Pläne, probierte dies und jenes aus. Wenn auch an einem Tag sich vieles als

undurchführbar herausgestellt hatte oder schiefgegangen war, hatte ich doch am nächsten Morgen wieder neue Ideen, sah neue Möglichkeiten. Ich besuchte auch die Akademie, aber nur einen Tag lang. Was dort vor sich ging, war nichts für mich. Ich versuchte mich in verschiedenen Tätigkeiten und Berufen, arbeitete selbstverständlich weiterhin kunstgewerblich mit der Tendenz und dem lebhaften Wunsch, langsam zum Kunsthandwerk zu gelangen. Es waren turbulente Zeiten, es waren hungrige Zeiten, es waren Zeiten voller Umbrüche, in jeder Beziehung. Die Produktion zu Hause lief mit meiner Mutter und meiner Schwester zusammen, sie umfaßte allerlei, vom Kinderspielzeug über Springerlesmodel bis zu geschnitzten Holzköpfen auf Flaschenkorken und bis zu Schachfiguren, von denen ich einen Satz schwarz verhöckerte, ein amerikanischer ,,GI" zahlte mir originale 50 US-Dollars dafür. Das bedeutete den Lebensunterhalt eines ganzen Jahres und ein Dutzend amerikanischer Heeres-Freizeit-Schnitzeisen als Dreingabe, weil dem Auftraggeber das Spiel so gut gefallen hatte. Er schickte sogar später Fotos davon aus USA. Werkzeuge konnte man damals nicht kaufen, nicht für Geld und gute Worte; man konnte höchstens tauschen. Mein Schnitzwerkzeug bestand zu der Zeit aus Skalpellen und Knochenmeiseln, die mir mein Arztonkel Fritz überlassen hatte, aus Stechbeiteln, alten Taschenmessern und fünf Holzbildhauereisen, die mir von einer professionellen Bildschnitzerin geliehen worden waren, und die ich trotz Rückforderung nicht mehr herausrückte. Man sammelte Bucheckern und las Ähren. Öl und Mehl waren Existenznotwendigkeiten. Sogar den Führerschein bekam man nicht ,,ohne". Für dieses wichtige Papier waren außer dem Fahrlehrer auch das Fahrzeug, Benzin oder ähnliches erforderlich. Ich tauschte also ein Pfund Vollkornmehl gegen Kaffee, den Kaffee gegen Margarine, die Margarine gegen Zigaretten und für die Zigaretten bekam ich einen Barren Aluminium. Als ich auf diesem Wege 10 Stück wer weiß aus welchem Lagerbestand herausgehehlt bzw. kompensiert bzw. organisiert hatte, durfte ich bei der Fahrschule Dieterle einen zivilen Führerschein nachholen. Meine Militärpapiere waren mir bei meiner Entlassung abgenommen worden. So konnte auch der Fahrlehrer nicht ahnen, daß ich auf einem Schützenpanzer das Fahren gelernt hatte. Ich schwieg wohlweislich darüber. Schützenpanzer schalteten sich schwer. Ich war also gewöhnt, Schalthebel kräftig zu betätigen. Auf der Neckarstraße in Stuttgart hatte ich ihn dann in der Hand, den Schalthebel, ohne Auto unten dran. Der Fahrlehrer schimpfte fürchterlich, ich wurde stark an die verflossenen 1000 Jahre erinnert, während ich dreimal mit dem Schalthebel in der Hand um den Wagen herumrennen mußte! Insgeheim amüsiert, machte ich nach außen gute Miene zum bösen Spiel, denn ich wollte den Führerschein. Und es hat geklappt.
Meine Handfertigkeiten entwickelten sich andererseits so weit, daß eine angesehene

Firma in Stuttgart durch ihren verantwortlichen Einkäufer Helmut Kälber meine Ergebnisse in Kommission nahm. Das hatte sagenhafte Folgen. Eines Tages sah ein Schweizer Geschäftsmann, der zwischen Zürich und Stuttgart pendelte, meine geschnitzten Flaschenkorken, besuchte mich und erkundigte sich, ob ich wohl auch Handpuppenköpfe machen könne. Damals sagte ich auf eine solche Frage niemals nein, ich traute mich alles und mir alles zu. Also nahm ich den Auftrag an. Es sollte einer der entscheidenden Schritte für mein weiteres Leben werden. Ich fing an zu zeichnen, Profile, en face, und entwickelte sofort eine Methode, wie man zeitsparend ein Dutzend Kasperleköpfe schnitzt. Ich stürzte mich Hals über Kopf in diese Arbeit und steckte bald bis über beide Ohren drin. Dann registrierte ich, daß etwas zustande gekommen war. Wieder hörte ich es klingeln und wußte plötzlich ohne Frage und Zweifel: das wäre ein Weg, den ich gehen könnte. Eine tiefe Freude erfaßte mich, die Freude der Gewißheit, ein Ziel gefunden zu haben.

Als ich die ersten Schritte getan hatte, fing die Bemühung an, Basis zu gewinnen, etwas zu sehen, etwas zu lernen, mehr zu erfahren über Puppen und Puppentheater. Beides war mir noch kein Begriff. Ich begann mich umzuschauen. In Stuttgart hatte es ja zu meiner Schulzeit *„den Deininger"* gegeben. Das Haus im Stadtgarten war zwar im Krieg zerstört worden, die Reisebühne mit allen Marionetten konnte jedoch gerettet werden. Bald erfuhr ich, daß das Stuttgarter Marionettentheater weitergeführt wurde. Ein erfahrener Marionettenspieler hatte mit der Familie Deininger entsprechende Verabredungen getroffen. Er hieß Gillmann und hatte sein Handwerk bei den Gerhards-Marionetten erlernt. Ich nahm eine Musterkollektion meiner Handpuppen und suchte den Prinzipal auf, der mit viel Mühe und Idealismus und mit der trügerischen Hilfe eines einheimischen Geschäftsmannes im schnell und halbherzig wieder hergestellten Kunstgebäude am Schloßplatz die Pforten seines Musentempels geöffnet hatte. Es war zwar nur eine Seitentüre, sie führte aber immerhin durch Kaffeehaustische zu einer richtigen Marionettenbühne. Hinter dem Vorhang warteten die hölzernen Akteure in sorgfältig gemalten Kulissen auf ihr Publikum. Als ich im Bühnenlicht meine Erzeugnisse auspackte, gefielen sie dem Direktor zwar gut, er sagte mir aber gleichzeitig, daß er in punkto Puppenbau in festen Händen sei. Ein bißchen enttäuscht war ich, aber auch neugierig. Ich fragte ihn also, ob er mir von seinem Puppenschnitzer etwas zeigen könnte. Er brachte die Hexe, deren Auftritt und Eindruck ich schon beschrieben habe. Sie hat mich behext, und trotz ihrem scheußlichen Äußeren hielt (und halte) ich sie für eine gute Hexe. Die Verzauberung war so stark, daß ich nach dem Namen und der Adresse des Puppenschöpfers fragte und vom Theater weg sofort dorthin ging.

F. H. Bross wohnte in Cannstatt. Ich fiel mit der Tür ins Haus, d. h. in seine Wohnung im 4. Stock in der Waiblinger Straße. Unumwunden teilte ich ihm geradezu mit, daß ich bei ihm lernen wolle. Ich kann mir vorstellen, wie ihn mein Ungestüm belustigte, das er – wenigstens insoweit – bremste, als er zuerst sehen wollte, was ich bis jetzt gemacht hatte. Das zeigte ich mit einigem Selbstvertrauen. Seine erste Kritik war nicht gerade vernichtend, aber immerhin sprach er von ,,Karrikatur durch Übertreibung des Ausdrucks", und schon hatte ich die erste Lehrstunde weg. Wir wurden einig. Meine Zeit bei Bross begann.

„Das Lied des Pierrot" (Marionette: F. H. Bross)

5. Kapitel

Ausbildung bei einem Meister

Natürlich hatte ich im Laufe der Jahre schon einiges gelernt. Wenn ich mich heute frage: was, wie, von wem und wann, muß ich einräumen, daß mir eine exakte Beantwortung nicht möglich ist. Ich sehe aber die Dringlichkeit der Beantwortung gerade dieser Frage nach der Ausbildung durchaus ein. So will ich versuchen, zu beschreiben, was mir bewußt wurde. Im künstlerischen Bereich bekam ich Anstöße von allen, die mich etwas lehrten – von meinem Vater, der sich um das Sehen bemühte und versuchte, mich darin zu bestärken, über gute Lehrer, wie Rektor Beck, der eine breite Basis für Musisches in Verbindung mit dem Alltag im Knaben legte – bis zu Albrecht Leo Merz, Ilse Beate Jäkel, Dietrich von Debschitz, die fordernd, führend und anregend an der Wiege schöpferischen Tuns standen. Bross aber gab mir entscheidende Anstöße in der Kunst des Puppen-, Marionetten- oder Figurenbauens.

Das Herstellen einer Figur ist eine Kunst – nicht nur Handwerk, und überhaupt nicht Bastelei, wie zum Leidwesen aller ernsthaft mit dem Puppenspiel befaßten Menschen beiderlei Geschlechts das Machen, Konstruieren, Schöpfen, Bauen einer Puppe, einer Marionette oft noch genannt wird. Puppenbildner ist ein eigener Beruf; mit dem Puppenspieler zusammen hat er unter der Leitung des Regisseurs wesentlichen Anteil an der Gestaltung des Puppentheaters. Man mag verschiedener Meinung darüber sein, ob Puppenbau ein selbständiger Zweig am Baum der bildenden Kunst ist, denn eine gute Theaterpuppe kann sich erst im Spiel, in der Bewegung voll entfalten. Dort zeigt sie ihre Qualität, dort kann man ihre Möglichkeiten erkennen, ihre Aussage erleben. Im Ruhezustand läßt sie eigentlich gleichgültig, sie wirkt ausdruckslos. Das unterscheidet die Theaterpuppe von der Plastik, die allein durch die Form aussagt und wirkt. Puppenspiel ist Form und Bewegung – exakt formuliert: geformte Materie und Bewegung.

In Fachkreisen löst die Frage Diskussionen aus, ob das Spiel oder die Gestaltung einer Marionette das wichtigere im Puppentheater ist. Mir scheint, daß die Frage so wenig zu entscheiden ist wie die nach dem Primat: Ei oder Henne. Zu einem guten Puppenspiel gehört die Magie, die Beseelung der Materie, die Verwandlung. Das kann mehr von der Marionette kommen oder mehr vom Spiel. Das stärkste Erlebnis wird von einem ausgewogenen Zusammenwirken ausgehen, dem vollen Ausspielen einer vielschichtigen Gestalt. Um das Spielen, das Animieren der Marionette zu ermöglichen, ist bei ihr wie bei keiner anderen Spezies der Theaterpuppen das Einbeziehen der Technik in den schöpferischen

Prozeß unerläßlich. Das kompliziert den Vorgang und erfordert Zeit, vor allem für den Anfänger. Auf der anderen Seite regen diese Gesetzmäßigkeiten an, sie sind für den künstlerisch bildnerischen Bereich neu. Der Amerikaner Calder arbeitete seit einigen Jahrzehnten mit seinen Mobiles in dieser Richtung. In den 60er Jahren wurde es Mode, jeder bastelte einmal ein solches Gebilde. Jeder kennt heute die charakteristischen Bewegungen von Einzelformen, die durch ein System von Hebeln und Fäden gegeneinander ausgewogen und zueinander geordnet schon vom leisesten Luftzug ins Schweben und Drehen gebracht werden. Auch bei der Marionette haben wir es mit dem Aufbau einer Einheit aus einzelnen Formen zu tun, die sorgfältig aufeinander abgestimmt sein müssen in Gewicht und Ausprägung und die sich – unter anderem nach dem Pendelgesetz – durch Fadenzug bewegen lassen.

Bross hatte seine Werkstatt in einem Zimmer seiner Wohnung. Der Meister stand am Fenster vor seinem Schraubstock, mein Arbeitsplatz war etwas tiefer im Raum; zu viel Platz hatten wir nicht. Wenn ich mich umdrehte, fiel immer irgend etwas herunter – der Leimtopf oder ein eben erst geschärftes Eisen, es war jedenfalls äußerst peinlich. Ich kam mir vor wie eine Spinne im fremden Netz. Nach drei Tagen war ich nahe daran, aufzugeben. Bis dahin hatte ich ja immer selbständig und allein gearbeitet. Aber Bross brachte es vorzüglich fertig, mich über meine eigene Ungeschicklichkeit hinwegzuhieven. Er schien sie kaum zu bemerken, oder er sprach von ,,Belanglosigkeit". Ich hatte von der Pike auf zu lernen; ich war dazu entschlossen, mich rückhaltlos unterzuordenen, was mir mit meinen damals 29 Jahren nicht ganz leicht fiel. Aber ich wollte es, ich wollte aus Leibeskräften aufnehmen, so viel und intensiv wie möglich und stellte mich bedingungslos auf den Meister ein. Eine *gute Kopie* schien mir schon damals erstrebenswerter als ein *schlechtes Original,* weil letzteres oft seinen Sinn nur im Bewußtsein des Machers hat, indem es ihm schmeichelt.

Bross war mir ein hervorragender Lehrer. Voller Geduld und Ruhe zeigte er dem Lehrling, wie ein Holzbildhauereisen fachgerecht geschliffen wird. Er ließ Handpuppenköpfe zeichnen, im Profil und en face und gab Korrektur. Er sprach über das Wesen der Form, die räumlich ist, dreidimensional im Gegensatz zur Zeichnung; er demonstrierte an seiner eigenen Arbeit, wie man aus dem rohen Holzblock heraus beginnt. Man nennt es ,,Anlegen" eines Kopfes. Schon mit den ersten Schnitten im Holz geschieht Entscheidendes für das ganze Vorhaben. Bross teilte mir seine Gedanken mit, die ihm während der Arbeit kamen. Seine Erkenntnisse über Theatermasken führten mich zu einer neuen Sehweise. Mein Interesse an Physiognomien und meine Beobachtungsgabe ließen mich besonders intensiv an diesen Gedankengängen teilnehmen. Bross fand damals, daß der Ausdruck ei-

Die Schwestern: La Belle und La Miserabella (Marionetten: F. H. Bross)

nes Puppenkopfes nicht absolut festgelegt werden darf. Ein Mund darf nicht zu breit lachen, damit vom Betrachter ein anderer Ausdruck aus der Physiognomie herausgelesen oder hineininterpretiert werden kann. Es gilt also, die Erfordernisse der Charakterisierung oder Typisierung und die notwendige Interpretierbarkeit für Theatermasken gegeneinander abzuwägen und auszubalancieren. Es ist eines der Geheimnisse der spezifischen und unbegreiflichen Lebendigkeit, die eine Theaterpuppe, eine Maske oder Marionette gewinnen kann von dem Augenblick an, in dem sie sich bewegt – genauer: bewegt wird. Bross lehrte mich seine Formensprache. Er bemühte sich, mich zu der Spontaneität seiner damaligen Arbeitsweise hinzuführen, wozu das Stehenlassen des Schnittes als Oberfläche, als „Haut" oder als Struktur zur skizzenhaft belassenen Form gehörte. Unter „Schnitt" versteht man die Werkspur, die das Holzbildhauereisen auf der Oberfläche der Form beim Bearbeiten hinterläßt. Im skizzenhaft Unvollendeten sah Bross eines der beiden Prinzipien für die Gestaltung von Puppenköpfen; das andere wäre, die Formen in ihrem Zusammenklang bis aufs Feinste abzustimmen, sie im einzelnen und im gesamten bis zur Erfüllung der eigenen künstlerischen und handwerklichen Möglichkeiten auszuarbeiten. Dafür steht jedoch heute meist nicht genügend Zeit zur Verfügung.

Bross beherrschte sein Handwerk souverän. Er hatte es in der Jugend von seinem Vater gelernt, der als Holzbildhauer mit seiner Familie im Erzgebirge lebte. Bross hatte eine intensive Beziehung zum Werkstoff Holz, der ihn in vielfacher Weise anregte und ihm genau den richtigen Widerstand bot, den er für den schöpferischen Prozeß benötigte. Seine Überlegungen zeitigten die Basis für meine späteren eigenen Gedanken. Er erkannte meinen Hang zur Perfektion und warnte mich vor deren Gefahren, die zweifellos darin liegen. Er fand meine Art, zu arbeiten, nahe dem Manierismus angesiedelt. Das ging mir lange nach (und hat mich vielleicht davor bewahrt?). Ich begann mir meine eigenen Gedanken zu machen und zu verstehen, daß Wille nicht gleichbedeutend ist mit Konzentration. Begriffen habe ich es erst viel später. Brossens Methode war, sich bei einer neuen Arbeit genau auf die Bedingungen zu besinnen, die schon einmal ein Gelingen erlaubt hatten. Tageszeit, eigene Einstimmung, Arbeitsplatz, Wahl des Bildhauereisens, Wahl des Zeichenmaterials – jedes Detail war ihm dabei wichtig. So konzentrierte er sich auf eine neue Aufgabe. Das Halten der Spannung während der Zeit des Entstehens, das gleichmäßige Weitertreiben der Gestaltung rund um den Kopf oder die Maske führte er mir vor Augen wie das Zueinanderordnen von Einzelformen mittels Zwischenformen zu einem organischen Ganzen, zu einer ausgewogenen Einheit, in der keine der Einzelheiten m e h r hervortritt, als dem Ganzen zuträglich ist. Beim Entwerfen setzte er die Typen in Beziehung zur Umwelt, zu Tätigkeiten oder einzelnen Dingen. Wenn ein geiziger Müller entstehen sollte, konnte er eine Skizze gelten lassen, weil etwas daran an einen zugebundenen Sack erinnerte; wenn er einen Lastwagenfahrer suchte, entwickelte er ihn aus überanstrengten Augen und dem Mißmut dessen, der immer der Langsamere ist. Psychologische Erwägungen spielten beim Entwurf eine große Rolle.

Ich fand mich schnell mit den Ansichten und Forderungen von Bross zurecht und durfte mich schon nach zwei Wochen an Köpfe im Stil von Bross wagen. Mehrere Puppentheater ließen bei Bross arbeiten, wobei er sich mit dem Stück, den einzelnen Rollen und dem dazugehörigen Puppenspieler auseinandersetzte und versuchte, auf die spezielle Aufgabe intensiv einzugehen und individuelle Versionen von Puppentypen zu schaffen. Durch diese Auffassung nahm er direkten Einfluß auf das einzelne Puppentheater wie auf das bildnerische Niveau der gesamten Puppentheaterszene, er bemühte sich, für jede Bühne eine Variation, eine andere Spielart seines Stils zu bringen.

Die Wochen zogen ins Land. Ich arbeitete fleißig bei Bross, zeichnete gerne, schärfte ungern Messer, schnitzte und schwitzte, ich ging zum Mechaniker, und ließ Serienpuppenköpfe abbohren, wie man das Kopieren mit einer Holzfräse nennt, die mehrere Rohlinge von einem Original in einem Arbeitsgang fertigt. Die Rohlinge mußten dann mit dem Eisen überschnitten werden, die überschnittenen Köpfe wurden zum Schluß farbig gefaßt und bei Emilie Wagner in der Stuttgarter Unteren Königstraße, gleich beim Bahnhof, verkauft. Oft waren Bestellungen da, die in Tag- und Nachtschicht produziert und dann noch eben rechtzeitig zum Verkauf geliefert wurden.

Farbig fassen ist der Fachausdruck für Bemalen oder Anmalen von Plastiken. Bross hatte neben seinem technischen Studium Kunstgeschichte belegt. Er knüpfte in vielem an die Tradition an. Das Rezept für seinen Malgrund war ähnlich nur im *Dörner,* dem berühmten Lehrbuch der Maltechniken, zu finden. Am liebsten hätte Bross die Farben selbst angerieben. Die knappe Zeit aber erlaubte nur fertige Temperafarben aus der Tube. Bross „faßte" engagiert, mit Könnerschaft und Kenntnis. Der Kreidegrund mußte mindestens 24 Stunden in das Holz einziehen und trocknen. Er war nicht weiß belassen, sondern mit einem aus Komplementärfarben gemischtem Grau gebrochen: ein helles Grau läßt die etwas transparente Tempera nicht in voller Härte stehen. Der Grund vermittelt, indem sich Grund und Farbe gegenseitig durchdringen. Der gleiche Vorgang bildete die Basis für die Art der Bemalung, wie ich sie bei Bross lernte. Er ging von der graphischen und farblichen Überhöhung der Kontraste in einer Physiognomie aus, um sie auf der Bühne im künstlichen Licht wirksamer zu machen, als sie es von sich aus sind. Beim Schauspieler erreicht man das durch Schminken. Bross setzte die Höhen in warmen hellen und die Tiefen in kalten dunklen Tönen als Untermalung auf den gut durchgetrockneten Malgrund.

Als letzte Farbe kam der Hautton – er wurde naß in naß gemalt, so daß er sich mit den Höhen und Tiefen in den Randbezirken mischte und nur im Zwischenbereich als Farbe allein auf dem Malgrund stehenblieb. Keinerlei Lack oder Firnis brauchte die Tempera zu schützen. Bross vertrat die Meinung, daß der Wachsgehalt in Malgrund und Farbe als Schutz genügt. Selbstverständlich leuchtet die Farbe ohne jeden Überzug am schönsten. Dem Licht maß Bross große Bedeutung bei. Seine Idealforderung, nur unter den Bedingungen des Lichts in der schon bestehenden Dekoration des Puppentheaters zu malen, konnte er damals nicht durchsetzen. Die Zeit der notgedrungenen und notgedungenen Interessen an Höherem war im Schwinden, es gab langsam wieder etwas „Rechtes" zu kaufen, und alle Aufwendungen, die teils Behelf waren und mehr oder weniger Kunst sein wollten, unterblieben nach und nach. Die Puppentheater, die sich über den Krieg erhalten konnten und neu gegründet wurden, kämpften erst einmal um ihre Existenz, und später um die Weiterentwicklung. Es war die Zeit der schnell und einfacher zu realisierenden Handpuppeninszenierung. Marionetten konnten sich nur wenige leisten, wenn nicht ein alter Bestand vorhanden war. Aber hie und da bestellte doch jemand eine neue Fadenmarionette. Meistens waren es Privatleute. So kam ich während der dreimonatigen Lehr- und Arbeitszeit bei Bross auch noch zu Grundkenntnissen im Marionettenbau. Eine Sängerin war zu entwerfen, zu erfinden und zu konstruieren, mit allem was zu einer Sängerin an Gliedmaßen, Gelenken und Gewichten gehört. Besonders nachhaltig beeindruckten mich dabei Bross' Äußerungen über die Anwendung moderner technischer Prinzipien bei der Konstruktion von Marionetten. Er integrierte damals schon bewußt die Technik, die er als Diplomingenieur beherrschte und brachte sie in die Kunst des Marionettenbaues ein. Später bezeichnete er die Marionette als *eine künstlerisch-technische Einheit;* ein Begriff, der prägend und seiner Zeit weit voraus Wesen und Möglichkeiten des theatralischen Mediums erkennen läßt.

Sei es, daß mich die Bross-Hexe besonders gut getroffen hatte, sei es, daß ich wie ein trokkener Schwamm das Wasser der Bross'schen Weisheit aufnahm – ich begriff sofort, behielt jede Einzelheit und arbeitete intensiv innerlich mit. Ich hatte noch nie vorher eine Marionette nackt gesehen, ich hatte keine Ahnung von Gelenken, Gewichten, von Pendel- und anderen Bewegungsgesetzen, von Führungskreuz und Schwerpunkten. Instinktiv folgte ich den Gedanken und Arbeitsgängen, übte das Aufschnüren bei dieser ersten Begegnung und nahm die Dame in die Hand – indirekt, versteht sich, denn natürlich faßte ich sie am Spielkreuz. Dort wirkte Bross ebenfalls bahnbrechend durch die Maxime, daß die Handhabung des Spielkreuzes mit der menschlichen Hand zusammen eine unglaubliche Vielzahl von Bewegungen hervorbringen kann, wenn die Konzeption und Konstruktion des Spielkreuzes den physiologischen Gegebenheiten der Hand entsprechen. Mit anderen Worten gesagt sollte das Spielkreuz so einfach wie möglich zu manipulieren sein und trotzdem die Marionette möglichst voll zur Entfaltung bringen, sie möglichst vielfältig bewegen. Bross bezog alle Gegebenheiten der menschlichen Hand samt Arm und Schultergelenk in seine Gedankengänge über den künstlerisch-technischen Entstehungsprozeß ein und legte damit den Grund für eine neue ästhetische Entwicklung der Marionette. Er faßte zusammen, was an Marionettentechnik vorhanden war, und brachte es in gedankliche und konstruktive Zusammenhänge und Entsprechungen. Er entwikkelte quasi bestimmende Formeln. Im Gegensatz zur romantisierenden Auffassung, daß Marionetten sich „puppenhaft", d. h. hilflos, naiv und unkontrolliert bewegen sollen, bestand Bross auf seiner Grundforderung, daß jede Bewegung einer Marionette ohne besondere Anstrengung oder endlose Einübung zu wiederholen, also steuerbar sein müsse. Er sah, daß es sich um kinetische Vorgänge handelt.

Offensichtlich kamen mir seine Ideen entgegen. Die Monate bei Bross waren eine gute Zeit. Wir arbeiteten zusammen inmitten seiner Familie, der jüngste Sohn krabbelte in den Spänen unter dem Arbeitstisch herum, war dem Fremden gegenüber sehr scheu, fühlte sich aber sicher unter der gütigen Obhut seines Vaters.

Nach drei Monaten konnte ich nicht mehr weiter für Bross arbeiten und bei ihm lernen. Der Sommer kam, da war die Saison ohnehin schlecht für den Puppenbildner. Ich ging weg, um das leidige Geld zu verdienen. Natürlich dachte ich nicht daran, die Puppen aufzugeben. Sofort machte ich selbständig weiter. Ich träumte von einer Tänzerin und fing an zu zeichnen. Das Traumgeschöpf besaß große Augen, ein edles, aber etwas langweiliges Profil, feine Gliedmaßen und Hände, in die ich jedoch keine Ruhe, keine Balance hineinbekam. Meine Imagination war noch unausgegoren, eigentlich nur ein äußerlich orientierter Wunschgedanke ohne inneren Bezug, ohne Begriff vom Wesen einer Tänzerin. An ihrem Kopf frönte ich meinem Hang zur Perfektion. Er war lediglich schön, die Oberfläche mit ihrer gleichmäßigen Schnittstruktur zu glatt. Auch die sorgfältig ausgeführte Bemalung änderte nichts an dem Ergebnis, das deutlich wurde in dem aufregenden Moment, in dem die Marionette fertig aufgeschnürt vor den Spiegel trat und die Wahrheit sagte. *Ist sie etwas oder ist sie nichts?* Eine bange Frage nach wochenlanger Anstrengung, nachdem man sich engagiert und investiert hat, Tag und Nacht daran herumdachte und nun guter Hoffnung eine Geburt erwartet. In diesem Fall war es keine. Das Ding blieb ein Ding. Es gewann nichts hinzu. Es war nicht einmal gut zu bewegen. Ich war enttäuscht und ungeduldig, weil ich noch nicht sehen konnte, woran es lag und wo überall die Fehler steckten. Aber entmutigt war ich nicht.

Clown Gustaf, das älteste Mitglied und einer der Stars des Ensembles: „Es reicht nicht..."

6. Kapitel

Der Clown Gustaf

Bross hatte großartige Formulierungen und Lösungen gefunden für viele Typen. Besonders begeisterten mich seine Hexen und Teufel, Pluto und Karon, Zauberer und Heideschäfer. Sie hatten alle das gewisse Etwas und wirkten existent in ihrer magischen Unwirklichkeit.
Eine besondere Liebe, ein besonderes Engagement von Bross galt auch der Figur des Clowns. Er hatte damals schon mehrere Clown-Marionetten geschaffen. Dieses Thema war für mich ebenfalls bedeutungsvoll, aber ich sah es anders. Mir gefiel die Bross'sche Ausdeutung nicht, ich lehnte mich gegen den Ausdruck derselben innerlich auf, obwohl sie technisch gut war und als Metapher überzeugen konnte. Die Ablehnung wuchs sich mit der Zeit zum innerlichen Protest aus. Der Vorsatz war längst gefaßt, selbst einen Clown zu machen. Ich plante sorgfältig auf dem Papier Körper und Gliedmaßen für den Kopf, den ich eines Tages aus einem Holzblock in meiner Souterrainbehausung nach meinem Gusto aus dem intensiven Clowngefühl in mir herausgehauen hatte, in den ich alles legte, was ich unter „Clown" verstand. Diese Arbeit lief schnell, leicht und ekstatisch. Ich war zufrieden. Der Kopf zog dann den Körper nach sich. Ich hielt mich so genau wie möglich an das, was ich gelernt hatte und kämpfte mich durch alle Gelenks- und Gewichtsklippen hindurch, ohne zu scheitern. Es ging langsamer und machte noch mehr Schwierigkeiten als ich gedacht hatte, aber eines Tages stand ein hölzernes Gerippe da mit einem roten Filzlendentuch und einem höchst animierenden Holzkopf – genauer: Gustaf, damals noch mit „v", hing an Fäden, war aufgebunden, und nachdem er etliche Male auseinandergenommen, korrigiert und wieder zusammengesetzt worden war, funktionierte er. Er funktionierte wirklich! Gustaf ging, stand, saß, bewegte den Kopf und die Hände – richtig: die Hände! Meine Mutter hatte sie genäht nach meinen Anweisungen und Forderungen, ich hatte sie gestopft mit einer Mischung aus Sand und Sägespänen, bis sie mir prall und schwer genug erschienen. Mit Ledergelenken hatte ich sie an die geschnitzten Unterarme montiert. Lederlappen am Spielkreuz halfen, die beiden Führungsstäbe mit je zwei Fäden für Hand und Unterarm in Positionen festzuhalten, die für die suchende Hand des Spielers leicht zu finden waren. Alle Voraussetzungen für das, was folgte, waren geschaffen; eine sinnvolle Leidenschaft packte mich, eine Spielwut, die mich Tag und Nacht nicht los ließ. Der Spiegel war mein einziges, aber wichtiges Requisit. Weil man eine eigene Arbeit im Spiegel verfremdet besser beurteilen kann, so betrachtete

ich den nackten Gustaf als Zuschauer im Spiegel, wenn er sich bewegte. Ich empfand von allem Anfang an: er bewegt sich, nicht etwa ich bewege ihn. Und wenn ich meinen Freunden Gustaf vorführte, überall, auf der Straße, im Café oder im Kino, bevor das Licht ausging, dann zeigte ich nicht ein Ergebnis meiner Übungsstunden, sondern das, was Gustaf wieder Neues konnte. Ich hatte ihn überall und immer mit dabei, in einer Kunststoffaktentasche, die in der Wärme abscheulich zu stinken begann.

Wenn mich die anderen für verrückt hielten, ließen sie es mich immerhin nicht merken, oder ich bemerkte nichts, obwohl ich tatsächlich vielleicht nicht ver-, aber etwas entrückt war. Das Lebendig-werden-lassen dieses Eigenprodukts wurde zum Leitfaden meines Puppenspieler-Lebens. Wem ich das hölzerne Wesen auch zeigte, bestürmte mich, es so zu belassen und nichts mehr daran zu machen. Aber ich wollte nicht auf halbem Wege stehenbleiben, ich hatte auch keine Angst vor dem Mißlingen des Weitermachens. Nach und nach war mir klar geworden, daß dem ,,Gustaf" Stresemannhosen und ein Cut stehen würden. Alte Kleider wurden zerlegt und der Schnitt studiert, in Nessel die ersten Zuschnitte gewagt und geheftet, anprobiert, geändert, neu zugeschnitten – bis sich Wunschvorstellung und Realität allmählich näherkamen, ohne die Beweglichkeit einzuschränken. Wieviele Probleme gab es zu lösen, wenn Nähte zusammentrafen oder schon eine einfache Naht die Bewegung zu stark bremste! An manchen Rändern entschloß man sich, sie einfach auszufransen. Ehe alles Textile endgültig und montiert wurde, mußten der Holzkopf sowie Unterarme, Unterschenkel und Schuhe farbig gefaßt, also angemalt werden. Die Grundierung ließ ich tagelang trocknen, um meine Galgenfrist zu verlängern. Ich schiebe auch heute noch das Bemalen so lange wie möglich hinaus. Es ist immer wieder die größte Sensation, obwohl man ja wiederholen kann, was beim ersten Anlauf nicht gelungen ist.

Das Glück blieb Gustaf treu, auch die Farbe stand ihm gut zu Gesicht und schadete seinem Ausdruck kein bißchen. Als dann die schüttere Frisur, aus rostroten Haarschüppeln geklebt, auf dem Eierholzkopf prangte, war der Junggeselle und Clown Gustaf fertig zur Premiere. Alice Wiedensoler, damals Kustos des Kunstvereins, machte Gustaf zum Onkel, ob er wollte oder nicht. Sie war eine Verehrerin und nicht nur platonisch: sie engagierte Gustaf in das Lokal des Kunstvereins in der Schellingstraße, als der Maler Nägele aus New York nach vielen Jahren seines Exils zum ersten Mal wieder Stuttgart besuchte. Es war eine große Ehre und eine noch größere Aufregung. Zu viert saßen wir mit am Gaumen klebender Zunge in der zentralüberheizten Gaststätte und warteten auf das Zeichen zum Auftritt: Debschitz, der mir assistierte, dessen Frau und meine Freundin als Claque und psychische Rückenstärkung. Niemand von uns konnte auch nur Sprudel bestellen, denn Honorar war keines verabredet, und nur ich hatte noch ein paar Mark in der Tasche. Ich aber dachte an den nächsten Tag, und an die Wasserleitung, die für jeden umsonst da war, bevor er vor Durst tatsächlich umkommen würde.

Endlich war Gustaf, „Onkel" Gustaf, an der Reihe. Bis dahin hatte er immer mit dem Fußboden vorlieb genommen, er hatte auch noch nie so viele Zuschauer auf einmal gehabt. Jetzt sollte er höher hinauf, für die kulturelle Crême de la Crême war es notwendig. Er spielte auf einem Tisch und bewegte seine Persönlichkeit zum Schlager des Jahres: „Oh mein Papa..." Gustaf schmachtete, tanzte, glitt im Schlittschuhschritt über die Platte, fiel und hangelte sich wieder hoch, bedankte sich auf seine besondere Art für den Applaus. Im Abgehen von der improvisierten Bühne durchs Lokal vergaß er nicht, einer der anwesenden Damen unter den Rock zu schauen. Wie schon gewohnt, schützte das Opfer sich errötend unter dem Gelächter gegen die unverschämte Aufdringlichkeit. Das nicht wirkliche Holzauge Gustafs hatte gewirkt.

Glücklich über den augenscheinlichen Erfolg hatte unser Clan sich wieder hingesetzt, als Josef Eberle, der Herausgeber der Stuttgarter Zeitung wortlos einen 50-Markschein auf den Tisch legte. Er tat allerseits seine Wirkung. Keiner von uns hat das je vergessen – nicht den Durst, nicht den Reinhold Nägele und den Josef Eberle und seine Stiftung, und auch nicht das Viertele, zu dem jeder von uns eingeladen war, zuguterletzt. Der Nägele-Abend blieb lange allein, obwohl er Anknüpfungspunkte brachte. Mit Werbegraphik, die ich zusammen mit Dietrich von Debschitz machte, konnten wir gerade so existieren. Er war Maler und Graphiker und machte in der Anfangszeit begeistert mit beim Puppenspiel. In diesen Monaten hielt der Jazzkenner Daur im Amerikahaus eine Reihe von Vorträgen über die Entwicklung des Jazz aus dem Zusammentreffen der schwarzafrikanischen mit der europäischen Musik in Amerika. Ich hatte vorher nie Berührung mit dieser Art Musik gehabt, und kannte sie kaum. Sie hat mich tief beeindruckt und meine Arbeit nachhaltig beeinflußt. Ich lernte das Wesen dieses Spiels verstehen und erfaßte seine sinnfällige Zweckfreiheit.

Als neues Projekt tauchte die Schaufensterwerbung auf. Onkel Gustaf bekam einen kleinen Flügel, der auch reden konnte, indem er mit seinem Deckel auf- und zuklappte. Einen Liegestuhl hatte er schon, ein grüner Klavierstuhl kam hinzu. Beim Bekleidungsgeschäft Knagge & Peitz, im Behelfsneubau Ecke König- und Poststraße, debütierte im Dezember 1951 Onkel Gustaf im Schaufenster mit seinen Solokünsten am Flügel. Selbst die schrecklichen Werbeverse, über Mikrofon nach draußen gesprochen, konnten seinen Charme nicht unterkriegen. Die Leute standen Kopf an Kopf, in den Stoßzeiten kam manchmal die Polizei, und wir mußten längere Pausen einlegen. Debschitz startete auf einem alten Grammophon die Platten und versäumte oft die Einsätze, weil er, ins Spiel versunken zuschauend, alles rundum vergaß.

Abends nach Ladenschluß gingen wir zwei zu Fuß in den Stälinweg, nach Hause, über den Weihnachtsmarkt. Wir fühlten uns völlig erschöpft und ausgehöhlt. Wir wußten nicht genau warum. Wir hatten noch nicht erfahren, daß intensives Spiel eine schwere Arbeit ist. Jeden Abend aßen wir eine Bratwurst am Stand, was jeden Abend unerhörten Luxus bedeutete. Aber schließlich verdienten wir ja auch! Gustaf und sein Ensemble kamen über die Weihnachtsrunde.

Dann kamen wieder magere Zeiten. Wenn mich heute das Telefon, eine der Segnungen unserer Zivilisation, so richtig sekkiert und zu keiner vernünftigen, produktiven Arbeit kommen läßt, denke ich an damals zurück und erinnere mich an die Gefühle angesichts des tagelang schweigenden, schwarzen Geräts. Beim ersten Läuten ließ man alles stehen und liegen, jeder rannte, die Milch konnte überkochen, das Ei hart werden oder der Wassertopf durch Mark und Bein schrillen, wie er wollte. Ein Schrei ertönte durch das Haus: Telefon! Es war das Tor und die Brücke, es wurde immer mehr zu unserem Arbeit- und Brotgeber, jedes Klingeln eine Hoffnung, jedes Abheben des Hörers die Erwartung eines mittleren Wunders, und selbst Nichtzustandegekommenes hatte noch etwas Positives: man nahm Notiz von uns.

Selten sprudelte die Quelle, man mußte mit Tröpfeln zufrieden sein. Aber wir warteten nicht etwa nur am Telefon, der Clan bemühte sich, alle Fertigkeiten und Ansatzpunkte zu nützen. Obwohl ich längst mitten im Marionettenspiel steckte, wäre ich nie auf den Gedanken gekommen, Puppenspieler zu sein. Zum Nachdenken über meine Tätigkeiten war auch nicht viel Zeit. Für Bross überschnitt ich Serienpuppenköpfe, für eine Ofenfirma zeichnete ich Pläne, mit Debschitz warb ich bei den Werbeagenturen, um eventuell für sie werben zu dürfen. Wir dachten dabei auch an den Einsatz von Puppen – warum nicht? Wir spielten überall mit „Onkel" Gustaf, wo immer und zu welcher Gelegenheit wir auch engagiert wurden. Es war recht selten der Fall. Die wenigen Male aber schufen freundschaftliche Kontakte. „Onkel" Gustaf begann, seine Verehrer um sich zu scharen – sie halfen, erzählten von ihm, schwärmten, auch wenn sie bei anderen auf die übliche Skepsis stießen. Vorsichtig und zögernd, aber beharrlich setzte Gustaf einen Fuß vor den anderen. Je näher der Sommer rückte, desto mehr zögerte er. Auch alle anderen Quellen erwiesen sich als Wasserlöcher, die versiegten. Einzelne spektakuläre Ereignisse ließen uns die Trockenperioden überstehen. Beim Sommerfest der Waldorfschule am 21. Juni 1952 spielte Gustaf neunmal hintereinander im Lehrerseminarraum. Jede Vorstellung war vollgepfropft, auch auf den Schränken saß das Publikum dicht gedrängt. Die kleinsten Zuschauer legten ihre Nasen auf die Spieltischplatte, ein kleines Mädchen bedauerte, daß unser Grammophon zu laut spielte und man deshalb nicht hören könne, was der „Onkel" Gustaf auf seinem roten Flügel spielte. Die Wogen gingen hoch, Helmut Kälber, der in früheren Jahren meine Erzeugnisse bei der Fa. Schaller in Kommission genommen hatte, war in allen Vorstellungen und lachte – wie, ist schwer zu beschreiben, das muß man gehört und erlebt haben. Sein Lachen inspirierte, es kitzelte alle aus jeder Reserve, es schuf eine Atmosphäre von Heiterkeit und ungehemmter offener Äußerung echter Freude, vervielfacht durch die Gemeinsamkeit der Leute. Zum ersten Mal erlebte ich bewußt Kommunikation und was dadurch entstehen kann; dieses unvergeßliche Fest gab mir entscheidende Impulse und Ideen für die Gustaf-Szenen. Körperlich völlig erschöpft, fühlte ich mich trotzdem königlich. Von da ab hätte ich das Puppenspielen nicht mehr aufgeben können.

Der Juli kam. Bei uns war totale Ebbe. Debschitz' Familie wohnte am Chiemsee in einem Bauernhof, wir beschlossen, dort zu übersommern. Aber – wie dort hinkommen, wenn man kein Auto hat, auch nicht fliegen kann, mit „Onkel" Gustaf und all seinen Requisiten? Zu denen gehörte jetzt schon eine Holzkiste mit elektrischem Grammophon samt ausgebautem Bürkle-Vasen-Radio. Flügel, Klavierstuhl, Liegestuhl steckten zusammen mit unserer Hauptperson im zweiten Koffer, einem ehrwürdigen Vulkanfiberkoffer, mit Holzreifen als Stoßschutz. Auf einem offenen Lastwagen ergab sich für uns die Mitfahrgelegenheit über Holzkirchen. Dort reichte es für jeden ein großes Holzkirchener Bier, ein berühmtes, ein köstliches, frisches, auf der sonnenheißen Fahrt erschwitztes. Nach zwei Omnibus-Fahrkarten bis zum Chiemsee erstanden wir noch eine Tafel Schokolade von den letzten Groschen für Debschitz' bessere Hälfte, als Trostpflästerchen, weil es tatsächlich die allerletzten Groschen waren. Dann waren wir da. Wir peilten die Lage insgesamt und stellten fest, daß etwas geschehen mußte; was, war uns noch nicht klar. Niemand von uns hatte auch nur noch einen roten Heller.

Dietrich von Debschitz war ein gut aussehender Mann von 1,90 m mit einer vollen, wohlklingenden Stimme, charmantem Wesen und entsprechend unwiderstehlicher Redebegabung. Er ging am Abend noch zum Café am See und fragte die Wirtin, die Huberin, ob sie vielleicht und eventuell nichts dagegen haben würde, freundlicherweise, wenn wir morgen Abend so ein „Spiel vorführen däten, wissen'S, mir ham da so eine Marionett'n"? Und die Huberin hatte nichts dagegen, auch als wir Tische abdeckten und unter einer Lampe so zusammenrückten, daß der Schauplatz für die Vorstellung geschaffen war. Der Chiemsee war damals noch ein Dorado Münchener Künstler. Debschitz kannte die meisten, und so genügten einige Telefonate, um ein ansehnliches und interessiertes

Publikum für unser Spiel auf die Beine zu bringen. Es lief alles großartig und Gustaf verbeugte sich wieder und wieder, den Applaus entgegennehmend. Die Vorstellung war kaum zu Ende, als plötzlich einer der Gäste aufsprang, um bei der Wirtin einen Teller zu holen und für uns rundum zu sammeln. Meine Gefühle in diesem Moment kann ich nicht mehr beschreiben, es ist anzunehmen, daß sie sich zwischen Überraschung, (falscher) Scham und freudiger Erwartung eifrig hin und her bewegten. Das Ergebnis der Aktion war schlicht überwältigend. In Worten: 28 Deutsche Mark und 20 Pfennige nahmen wir an diesem Abend ein, dazu die beste Idee des Jahres. Jetzt wußten wir, was zu tun war. Am nächsten Tag wurde ein Plakat entworfen und im Handmalverfahren 20 mal vervielfältigt: *,,Gustaf spielt, heute im Café am See, 20 Uhr."* Zwei klapprige Fahrräder waren die ersten Transportmittel der Truppe. Nur eines hatte einen Gepäckständer, meines. Die Kiste darauf quer festgebunden, auf der Lenkstange den Puppenkoffer balancierend, gings bergauf, bergab fast jeden Abend am Seeufer entlang in alle Gastwirtschaften, Künstlerkneipen und Hotels, die uns dulden wollten.

Ich war zu allem fähig und bereit; aber eines hätte ich niemals fertiggebracht, damals. Es war ein echtes Problem. Nach der Vorstellung mußte man ,,es" den Leuten doch sagen oder beibringen, denn natürlich hatte sich nur an jenem ersten Abend ein Mensch im Publikum gefunden, der von sich aus die Initiative ergriff und sammelte. Schon der Gedanke, selber zum Teller zu greifen, ließ mich schier in den Erdboden versinken. Aber Debschitz war nicht so. Er legte sich zurecht, was zu sagen war, erhob sich zu seiner imponierenden Größe und kündigte mit Grandezza und Zirkusdirektorenstimme an, daß er jetzt ,,nach alter Kommödiantenart" herumgehen werde, um zu sammeln. Die Teller borgten wir uns jeweils, das rote Sacktuch aber brachten wir mit, in das wir unsere 5,–, 2,– und 1,– Markstücke, die Fünfziger, Groschen, Fünfer, Pfennige und Hosenknöpfe für den Heimtransport einknoteten. Das gemeinsame Zählen mit der Debschitzfamilie machte besonderen Spaß. Die beiden Kinder bekamen alle Pfennige (und die Knöpfe).

Wir fanden nicht nur immer mehr Gefallen an dieser fairen Art, Geld zu verdienen. Wir lernten auch, ein Fünfmarkstück vor Beginn der Runde sichtbar in den oberen Teller zu legen, immer mit zwei Tellern übereinander zu sammeln und dem Publikum den unteren Teller fürs Spenden hinzuhalten. Auch das Sammeln hat seine eigene Technik, seine Tricks und seine Psychologie.

Der Sommer war herrlich, das Chiemseewasser noch so klar, daß man es ohne weiteres fast überall trinken konnte. Das Publikum mochte uns, manche waren jede Woche mindestens einmal unter den Zuschauern. Die Generosität der Leute war überraschend und zeigte eine Lebensart, wie sie eben im theaterfreudigen Bayern zu Hause ist. Auch der

Hauswirt der Debschitz-Familie, der Schalchner-Bauer, ließ es sich nicht nehmen, mehrere Male in die Vorstellung zu kommen und sichtlich amüsiert fünf harte Mark in unseren Teller zu plazieren. Bedeutsame Bekanntschaften bahnten sich an. Ein Amerikaner wollte mich nach den USA lotsen, Carl Orff, damals schon ein berühmter Komponist, war von Gustaf angetan, und zwei Kritiken erschienen in der Süddeutschen Zeitung. Eine davon schrieb Johann Lachner, der mit seinem bürgerlichen Namen Mollier hieß und einer der damals führenden Kritiker in München war, wo Gustaf im Haus von Frau Kaminsky ein Gastspiel gab, das ein erstes Auftreten im jungen bayrischen Fernsehen nach sich zog.

Sechs Wochen hatten wir am Chiemsee gespielt und gesammelt, dann kleideten wir uns in München ein. Bei strömendem Regen ließen wir im ersten Schuhgeschäft am Platze die teuersten Paare auffahren. Ich mußte vor dem Anprobieren erst frische Socken anziehen. So ausdauernd hatte es gegossen, und so durchlässig waren die Sohlen meiner abgetragenen Schuhe. Und obwohl wir Landfahrer durchaus auch als solche zu erkennen waren, wurden wir zuvorkommend bedient. Wir kauften die schönsten, teuersten Schuhe, jeder ein Paar. Im nächsten Geschäft überlegte sich die Verkäuferin sichtlich, ob sie nicht lieber Alarm schlagen sollte. Aber auch dort zeigte man uns verwegenen Gestalten bereitwillig die schönsten Regenmäntel. Es war ein herrliches Theater, von dem wir oft erzählten. Vielleicht hatte man einen Blick auf unsere neuen Schuhe geworfen. Dort kauften wir nicht die teuersten – aber immerhin die zweitbesten Regenmäntel, jeder einen.

In die Vorstellungen am See war auch ein angehender Filmproduzent gekommen, der sich für Gustaf und sein Ensemble zu interessieren begann, das Fernsehen war im Gespräch. So kehrte Gustaf mit geschwellter Brust und wir nicht mit leerem Beutel nach Stuttgart zurück. Es rührte sich, wir rührten uns. Nach ,,neuesten technischen Prinzipien" entstand ein Löwe, ein Werbelöwe, den wir an einen Warenhauskonzern verkaufen wollten. Aber aus dem Auftrag wurde nichts. Dafür begannen einzelne Agenturen Gustaf zu engagieren. Sie führten ihn in bunte Programme ein. Zum zweiten Mal in meinem Leben landete ich bei den Artisten, die zusammen mit Töchtern und Söhnen der leichten Muse auf Betriebs- und anderen Festen den unterhaltenden Teil zu bestreiten hatten. Und mitten unter den Tänzerinnen, Sängerinnen, Zauberern, Jongleuren und Humoristen spielte Gustaf, eine Marionette, stumm, über 15 Minuten lang, pantomimisch, 61 cm klein auf großer Bühne! Immer wieder als ,,Experiment" in einer Programmfolge eingeführt, überraschte er, weil er in der Regel ,,ankam", beim Publikum und bei seinen ,,Kollegen". Probleme gab es trotzdem, von dem etwas umständlichen Umbau mit eigenem Licht, eigenem Podest und eigener Musikanlage bis zur Ansage, die aus dem Rahmen fiel. Wer sollte

angesagt werden? Und wie? Es gibt eine Sammlung dieser Versionen. Sie reicht von: *„Der mit sei'm Zwergle"* bis zum *„Gustaf Roser, der kleinste Clown der Welt!"*
Irgendwann hatte ich begonnen zu begreifen, daß ich eigentlich schon lange Puppenspieler war, daß dies mein Beruf war und bleiben würde. Ich dachte, daß es möglich sein müßte, nicht ein Theater oder den Namen einer Truppe oder den eigenen Namen herauszustellen. Ich hatte die Idee, die Marionette Gustaf zum Star zu machen, und stellte alles darauf ein. Teilweise ging das wohl auch von der Marionette Gustaf selbst aus. Die Ausprägung seiner Persönlichkeit war so stark, so zwingend, daß auch ich in diesen Bann geriet, obwohl ich das Wesen selbst geschaffen hatte. Eine Wandlung im Theater mit Figuren zeigte sich in Gustaf, die weg von der Typisierung der Vergangenheit hin zu einer Charakterisierung in der Zukunft führt. Dieser Prozeß ist noch im Gang und in der Diskussion. Gustaf folgt in seiner Gestaltung einerseits dem Typ des Clowns, geht aber darüber hinaus in einen individuellen Ausdruck.

Damals wurde ich von vielen Bekannten und Freunden in meiner Idee bestärkt. Sie spielten mein Spiel mit. Einen Tag vor Weihnachten 1952 hing ein Päckchen an der Haustür. Es war an Gustaf adressiert und für ihn gedacht. Ein großer Luftballon und ein Korb als Gondel sollte ihn zu weiteren Spielszenen anregen. Die Absenderin war Frau Brasch, die Frau des Malers. Er regte vieles und viele in Verbindung mit Gustaf an, nachdem der in seinem Haus aufgetreten war.

Bross hatte völlig andere Vorstellungen vom Marionettentheater. So dauerte es fast zwei Jahre, bis er zum ersten Mal Gustaf spielen sah. Erst als ich ihm Aufträge geben oder vermitteln konnte, begann unsere Zusammenarbeit, die sich aufs Fruchtbarste auswirkte und sich bis etwa 1960 fortsetzte. Sie ergab eine Anzahl der Szenen im Gustaf-Programm. Die letzte davon wurde „Pünktchen und sein Glück". Die wichtigste aber war die Oma aus Stuttgart.

Bild rechts: Gustaf und sein Liegestuhl

7. Kapitel

Die Oma aus Stuttgart

Hier muß ich etwas weiter ausholen. Der Werdegang dieses Teils meines Programms scheint mir von allgemeinem Interesse. Niemals hatte ich mich mit dem Sprechen befreunden können. Als Schwabe war mir von Geburt an in hohem Maße gegeben, was mein Vater als *Schamhaftigkeit des Wortes* bezeichnete und was weniger selbstschützend heißt, daß man den Mund nicht aufkriegt, langsam und schwerfällig in Wort und Rede, gehemmt oder maulfaul, mindestens aber nicht schlagfertig ist. Für mich war es eine Plage, reden zu müssen, *vor* anderen, *für* andere, oft sogar schon *mit* anderen. Ich lief in der Regel alsbald rot an und kam ins Stottern. Angesichts dieser Tatsache wird ohne weiteres einsichtig, daß ich mit Gustaf Pantomime spielte und niemals vorhatte, auch nur ein einziges Wort mit oder für eine Puppe zu sprechen. Die Ansage, die sich oft nicht vermeiden ließ, war mir schon mehr als genug. Dies alles ist schwer zu glauben für den, der mich nicht aus früheren Zeiten kennt.

Bross hatte in seiner Serie von Handpuppen eine Großmutter, die mir ausnehmend gut gefiel. Ich wollte aber eine Marionette haben mit dem Kopf der Handpuppengroßmutter, und sie sollte stricken. Wir verabredeten die Einzelheiten, und eines Tages war sie fertig, die Marionetten-Oma, die zur berühmten *Oma aus Stuttgart* wurde. Ich eilte voll Spannung zu Bross, ich sah die fertige Marionette, mit Häubchen, Schößchen, Strickzeug – und wußte auf der Stelle, und sprach es aus: mit dieser Marionette werde ich sprechen! Ehe ich selbst wußte, was ich tat, ertönte die Stimme der Oma aus mir und sie ist seitdem nicht mehr verstummt. Ich konstruierte mir die Strickmechanik so einfach, daß die volle Konzentration auf Wort und Spiel gewendet werden konnte. Den ersten Auftritten war eine ganze Anzahl von Versuchen vor Freunden und Bekannten und geladenen Gästen vorausgegangen. Im Stälinweg 11, meinem damaligen Atelier und Zuhause, hatten wir ideale räumliche und menschliche Bedingungen gefunden. Das Haus war voller interessanter Leute, die alle auch lebhaften Anteil an Gustafs Entwicklungen nahmen. Der großzügigen und gütigen Vermieterin verdanke ich eine harmonische Wohn- und Arbeitszeit von vielen Jahren in diesem Haus mit seiner besonderen und gedeihlichen Atmosphäre. Die Erfahrungen vom Chiemsee ermutigten uns zum diskreten Aufstellen eines Tellers in den ganz schlechten Zeiten, die Einladungen ließen das Ensemble manchen Engpaß passieren. Als bei solchen Gelegenheiten in späteren Jahren einige unserer treuen Gäste den Teller vermißten, fanden wir Markstücke unter Kissen oder Aschenbechern beim Aufräumen, was bei uns Heiterkeit und Rührung erweckte. Schwere Zeiten sind nicht mehr so unangenehm, wenn man sie hinter sich hat. Über die Kindergeburtstagsvorstellung bei Millionärs mit vereinbarter Gage von 20,- DM kann man später lachen. Die Dame des Hauses sagte nämlich rundweg, sie habe nicht mehr, als sie uns nur 10,- DM ausbezahlte.

Die Oma ließ sich gut an. Von Anfang an wurde mit ihr improvisiert. Einmal waren mir die eingelernten und ausgeleierten Witze und Scherze der ,,Conferenciers" oder der ,,Humoristen" eine Warnung, zum anderen stellte sich rasch heraus, wie anregend für den Spieler ein Publikum sein kann, das man zum Mitspielen veranlaßt hat. Ich habe meinem Publikum viel zu verdanken, allein wäre ich niemals so weit gekommen. Ich ließ mich allerdings auch auf das Risiko ein, daß der Oma einmal weniger oder gar nichts einfiel. So blieb die Szene doppelt aufregend. Ein eigenartiges Verhältnis bildete sich heraus, das beinahe etwas von Schizophrenie in sich hat. Es kam (und kommt) nämlich vor, daß ich als Person über das lachen muß, was ich als Oma aus Stuttgart einen Moment vorher gesagt habe.

Es passierten unzählige amüsante Geschichten, die allein ein Buch füllen würden. Einmal, in einer Vorstellung für ,,alte Kameraden", bot der Direktor eines Gefängnisses der Oma einen Freiaufenthalt in seinem Etablissement an. Und es passierte, daß der Oma nichts einfallen wollte, was einen Deckel für diesen Topf abgegeben hätte. So wurde es still, die Oma strickte immer langsamer und schaute ihrem Gesprächspartner ins Auge, weil ich immer noch kämpfte und hoffte, der zugkräftige Einfall würde sich noch einstellen. Und plötzlich schlug die Situation um. Der Mann starrte die Oma sprachlos an, und wurde sichtlich verlegener und verlegener. Die Oma legte ihr Strickzeug in den Schoß, schaute weiter ,,strafend" auf ihr Opfer, und die Gesellschaft brach in tobendes Gelächter aus. Von da an wußte die ,,Oma" von ihren hypnotischen Kräften und benutzte sie manchmal.

Als die Reisen begannen, entschloß ich mich, jede neue Sprache wenigstens so weit zu lernen, daß die Oma aus Stuttgart zwar nie ohne ihren schwäbischen Akzent, aber trotzdem verständlich in der fremden Sprache einige Sätze an ihr Publikum richten konnte. Das kostete vor allem am Anfang Arbeit und Nerven. Die erste Vorstellung mit einer neuen Sprache war die aufregendste; zaghaft versuchte ich, mein phonetisch aufgeschriebenes Vokabularium von wenigen Worten an die Leute zu bringen. Und selbstverständlich wurde dann unablässig an der Aussprache und am Wortschatz verbessert, so lange es die Gelegenheit erlaubte und die Notwendigkeit es forderte. Sorgfältig aufbewahrt, konnte ich beim nächsten Besuch in diesem Land auf schon Vorhandenes und bald Zurückgewonnenes aufbauen. Als letzte nicht europäische Sprache lernte ich arabisch. Das sollte eigentlich die erste Sprache an allen Schulen sein, weil sie alle am Sprechen beteiligten Teile unserer Sprechwerkzeuge so in Anspruch nimmt und dadurch ausbildet. Ein ganz anderes Problem sind die Tonsprachen. Auf der Asienreise 1974 gelang es der Oma, einige Sätze Thai verständlich auszusprechen. Eine einheimische Dolmetscherin hatte zwei Stunden Geduld. Ein Kassettenrecorder tat ein übriges. Man muß bis zur Erkenntnis durchdringen, daß die *Einstellung zur Musik* der Sprache anders ist. Dann stellt sich heraus, daß auch die Großmütter in Thailand gerne und immer wieder sagen: *wer hätte auch das gedacht!* Klingt es dort auch völlig anders, so hat es dennoch denselben Effekt und eine ähnliche Reaktion. Die Großmutter scheint bei allen Völkern als unumstrittenes Familienoberhaupt das Matriarchat für die Zeit des Alters zu repräsentieren. Sie darf fast alles sagen, alles fragen, sie weiß, wie die Dinge zu sein haben, und ist darin niemals von des geringsten Zweifels Blässe angekränkelt. Eine schwäbische Großmutter ließ mich einst kommen, um mir Einzelheiten über ihr *Buale* (Bübchen) mitzuteilen, zu dessen 50. Geburtstag wir spielen sollten. Die alte Dame empfing mich und begann zunächst einmal, mich hemmungslos auszufragen, nach Namen, Herkunft, Alter, verheiratet, Kinder, warum dies und warum das, und immer, wenn ich am Ende meiner Geduld war, kam von ihr der Satz, der alles wieder ausglich: „Gell, ich bin so alt, ich darf das fragen!" Was soll man da machen? Man fühlt sich aufgespießt wie ein Schmetterling und mit der Lupe betrachtet, und ist froh, wenn man wieder abschwirren darf.

Hanno Mack, der singende Hund: „Geben Sie dem Mann am Klavier noch ein Glas Bier"

8. Kapitel

Von Stuttgart nach Böblingen:
Die Weltreisen beginnen

Reisen heißt, sich bewegen – und sich bewegen lassen, Entfernung spielt eine untergeordnete Rolle. Wer auf einem Spaziergang nichts erlebt, braucht auch nicht in ferne Länder zu fahren.
Das Leben scheint mir ein einziges Reisen. Ab und zu habe ich Sehnsucht, anzukommen und zu bleiben. Wenn diese Sehnsucht erfüllt wird, ist das Leben zu Ende.
Ich liebe den Weg und das Ziel insofern, als es mir neue Möglichkeiten eröffnet. Möglichkeit, Entwicklung, das sind meine Worte – Ergebnis, Lösung, bedrängen mich wie alles Endliche. Reise hat etwas Episches, Währendes, sich auf dem Weg Befindliches – auch Unverbindliches, nicht Bindendes und nicht Festzulegendes. Reise ist Lust an der Veränderung, am schnellen Wechsel, am Agieren und Reagieren. Reisen ist Ankommen mit der Gewißheit, weiterzureisen, ist Heimkommen mit der Absicht und der Hoffnung, wieder wegzufahren. Wenn einer heimkommt und genug hat, glücklich ist, endlich wieder zu Hause zu sein, hat er eine wichtige Erfahrung gemacht, aber wahrscheinlich keine Reise.
Ich weiß nicht mehr, ob ich als Kind viel vom Reisen und Verreisen hielt, ob ich davon träumte, ob ich mich in die Ferne sehnte. In der Familie liegt es wohl. Meine Mutter beschloß, mit 84, jetzt endlich ihren Jugendwunschtraum zu verwirklichen und nach Amerika zu fahren. Mein Vater arbeitete als junger Mann jahrelang im Ausland. Er und zwei von seinen vier Brüdern waren enthusiastische Reisende. Der älteste zog viele Jahre seines Lebens als Lehrer durch die weite Welt; das war mein Onkel Ludwig, mit seiner Frau, der Patentante Else, gebürtig aus Husum, (was sie bei vielen Gelegenheiten mit besonderem Ausdruck und von ihrem Patenjungen sorgfältig beobachteter Mundbewegung betonte). Die beiden nahmen mich an die Nordsee mit, als ich gerade sieben oder acht Jahre alt war, nach Cuxhaven in die Pension „Villa zur Zufriedenheit". Es war meine erste große Reise, und dazu eine Sensation für die damaligen Begriffe: Sechs Wochen an die See zu fahren, war schon kaum mehr mittelständisch. Die Pension zählte denn auch zu den „Besseren". Dementsprechend wurde ich Knirps auf das gemeinsame Essen im Speisesaal hin erst noch schnell zurechterzogen. In den ersten Tagen aß ich mit der geliebten Tante in der Suite, hatte links und rechts ein Buch unter den Arm geklemmt, lernte mit allen Besteckteilen umzugehen und – wie zu Hause – alles zu essen, was auf den Tisch kam. Als der Speiseplan für den nächsten Tag Krabben ankündigte, nahm mich die Tante mit an den Fi-

schereihafen, sie zeigte mir die gefangenen Krabben, dann wurde eine Tüte mit frischgekochten, aber ungeschälten Krabben gekauft. Auf dem Zimmer schälten wir gemeinsam und dann wurden sie ,,Augen zu, Mund auf, Jung!" gegessen. Der ausgezeichnete Geschmack erledigte sofort den Widerwillen gegen die kleinen gekrümmten vielgliedrigen hartschaligen Meeresungeheuer. Onkel Ludwig sorgte bei Tisch ab und zu durch treffende und deftige, aber schön unpassende Bemerkungen, daß die Erziehung nicht zu einseitig wurde, und der Tante nicht allein überlassen blieb. ,,Aber, Lodwich!" klingt es mir noch heute in den Ohren, der Onkel lachte schallend und die Tante Else zog leidend die Augenbrauen hoch. Wir hatten einen Strandkorb gemietet, bauten eine herrliche Sandburg darum, sammelten Muscheln, wateten durchs Watt und studierten Quallen, Sandflöhe und Seespinnen. Schiffe zogen an der ,,Alten Liebe" vorbei, elbwärts und hinaus auf die See. Meine Einbildungskraft war voll beschäftigt, als auch noch ein Sturm aufkam und ein Schiff zwischen Cuxhaven und Helgoland unterging. Ich lernte alle einschlägigen Ausdrücke, wußte was Luv und Lee ist und wollte von da an Kapitän werden, zumal diese erste Reise einen würdigen Abschluß fand. Onkel Hans aus Amerika, der zweitälteste Bruder meines Vaters, kam mit der ,,Bremen" in Bremerhaven an. Wir standen am Kai und holten ihn ab. Ich staunte ihn an, hing an seinem englischsprechenden Mund während der Heimfahrt im Zug, bis er sich zu mir umwendete und im unverfälschten Dialekt rief: ,,Moinscht, i ka net Schwäbisch?!"
Auch auf die zweite Reise wurde ich mitgenommen: Die freiweillig-unfreiwillige Teilnahme am Feldzug in Rußland weckte dennoch ererbte Anlagen in mir, ein unruhiges Blut, Reiselust, Fernweh. Freilich hätte ich niemals daran geglaubt, als Puppenspieler die ganze Welt zu bereisen! Wenn ich aufzählen soll, wo überall ich war, ist es einfacher zu berichten, in welchen Ländern ich noch nicht mit Gustaf und seinem Ensemble gastiert habe.
Zu den aufregendsten Reisen der Truppe gehörte aber die allererste, die Reise von Stuttgart nach Böblingen und zurück, mit unserem Vorstellungsgepäck. An ein eigenes Auto war damals noch nicht entfernt zu denken, für den Leiterwagen war Böblingen zu weit. Wir waren auf die öffentlichen Verkehrsmittel angewiesen: Straßenbahn, Eisenbahn und Omnibus. Wir zwei, Puppenspieler und Assistenz, brachen also vom Stälinweg auf, mit vier Koffern, die abwechselnd eine Strecke weit getragen wurden, dann abgesetzt, von einem bewacht, der andere ging zurück und brachte den Rest und stellte ihn 100 m weiter wieder ab. So kamen wir *überwendlings* an die Straßenbahnhaltestelle, und mit Hilfe des Schaffners – den gab's noch! – auch in den Anhänger, wo man uns damals samt Gepäck mitnahm, gegen Bezahlung natürlich, und allerdings manchmal schon stirnrunzelnd oder

unter dem Schimpfen der Mitfahrenden, wenn es voll wurde, und wir energisch den Versuchen widerstanden, unsere Koffer als Sitzgelegenheit benützen zu lassen: „Bitte, auf diesen Koffer können Sie sich nicht setzen!" Unvorstellbar, zu gestatten, daß sich jemand auf Gustaf setzte! Im Omnibus wurde die Situation brenzlig. Da halfen nur wortreiche Erklärungen. Wie oft begleiteten uns mitleidige Blicke, wenn wir als Grund für den umfänglichen Transport unseren Beruf bekannt gaben. Man räumte uns dann kopfschüttelnd eine Art Narrenfreiheit ein und duldete uns mit dem gesamten Gepäck in einer entsprechenden Ecke, als eben noch zu verkraftende Katastrophe. Spannend blieb das Unternehmen bis zum letzten Moment, bis zum letzten Omnibus und der letzten Straßenbahn, die wir unbedingt erreichen mußten, nach denen wir uns zehnmal genau erkundigt hatten: denn an ein Taxi war bei der damaligen „Spielgage" nicht zu denken.

Der Anfang war mühsam, quasi von der Pike auf hatte ich zu lernen, was Reisen heißt, was es fordert an innerer Einstellung und an Organisation. Das Kapitel des Reisens handelt zuerst vom Lernen, wie man Koffer packt, von Konzentrationen, von nie endender Neugier, von intensivem Erleben und vom Nachhausekommen. Der erste Koffer war alt, ein Erbstück aus Familienbeständen, er bewährte sich bei den verschiedensten Reisen und Transporten, u. a. auf dem Fahrrad am Chiemsee. Es ist unglaublich, welche Bedeutung jedes Detail am Koffer gewinnt, wenn der Koffer das wichtigste, sozusagen die Basis und den Grund der ganzen Reise enthält: die Instrumente, mit denen man spielt, die Marionetten. Von ihm, dem Koffer, und seiner Unversehrtheit, seinem „Ankommen" hängt die Reise ab in Sinn und Zweck. Leicht soll er natürlich sein, man muß ihn ja selber schleppen, in die Eisenbahn hieven, in das Gepäcknetz hinaufstemmen, über Treppen und Flure schleifen: leicht soll er sein und dabei unverwüstlich. Er soll nicht heruntergekommen aussehen, aber auch nicht wertvoll, nicht stehlenswert, nicht nagelneu, sondern globetrotterisch und vielerfahren. Man hört nie auf, sich Verbesserungen auszudenken, zu suchen und zu prüfen, was der Markt Neues bietet. Es hat Jahre gedauert, bis ich endlich die richtigen Koffer gefunden hatte; mit dem Packen war es nicht anders. Zuerst konnte ich mir nicht vorstellen, daß in einen Koffer mehr hineingehen würde als Gustaf mit seinem Klavier und einigen anderen Requisiten. Heute dient das Klavier seinerseits schon als Koffer im Koffer für die Marionette „Storch" samt Spielkreuz. Daneben beherbergt es die drei eigenen Beine, die für die Reise abmontiert werden können. Außerdem Gustafs Blumen, die Akten des Herrn Professors, Pünktchens Halskrause und den blauen Ballon, natürlich unaufgeblasen, und ebenso einen roten in Reserve für alle Fälle, alles sorgfältig ineinandergeschachtelt und mit Schaumgummi gegeneinander gepolstert. Einpacken und Auspacken – das heißt zweimal 30 Kniebeugen, einmal vor und einmal nach der Vorstellung, auch in den Tropen, wo körperliches Arbeiten den Weißhäutern noch schwerer fällt als den dort Gebürtigen, das heißt Schwitzen je nach Klima oder Heizung, besonders wenn man schon die 90 Kilo der Koffer in den Saal und auf die Bühne geschleppt hat. Einpacken und Auspacken – das ist ein Teil der Reise bzw. der Vorstellung, und jede Vorstellung ist eine Reise, das ist der Teil, der Knochenarbeit heißt und trotz seiner Einförmigkeit intensiv erledigt werden muß. Jede Ungenauigkeit kann sich unliebsam auswirken bis hin zur Katastrophe, wenn sich nämlich beim Auspacken plötzlich herausstellt, daß Gustafs Klavier nicht eingepackt wurde oder das Mikrofon oder der Pferdeschwanz oder eine andere der vielen Kleinigkeiten fehlt, die unsere Vorstellung ausmachen.

Aber zunächst sind wir noch bei den Wegen zur Vorstellung und zurück. Es fing damit an, daß Gustaf in einer großen, extra gefertigten Aktentasche aus abscheulich stinkendem Kunststoff in der Hand mitgetragen wurde, mitwanderte zu seinem jeweiligen Auftritt. Dann fuhr er schon im Koffer mit Straßenbahn und Omnibus. Neben gelegentlichen Autofahrten, wenn wir nämlich ein seltenes Mal abgeholt wurden, trat als nächstes die Bundesbahn ins organische Fortschreiten der Ereignisse. Denn noch hatte ich schwere Zweifel, ob der Schritt zum eigenen Auto zu verantworten wäre. Jede Vorstellung beanspruchte mich derart, daß ich eine zusätzliche Anstrengung nicht auf mich nehmen wollte. Auch das Budget hätte es nicht erlaubt.

Mit der Eisenbahn reisten Gustaf und sein Ensemble unter anderem nach Griechenland, nach Spanien und nach Rumänien. Ich kannte und liebte lange Bahnfahrten. Die Weiten des Ostens und die wechselvolle Fülle der Landschaft Frankreichs oder Spaniens erschließen sich wie ein Bilderbuch. Es ist das Vorbeiziehen einer unendlichen Folge von Bildern, die dem Reisenden Abstand läßt und Zeit zum Reflektieren wie zum Träumen. Die erste selbständige Auslandsreise nach dem Krieg führte mich nach Griechenland, zwar eigentlich privat, aber wie selbstverständlich fuhren ein paar Marionetten im Reisekoffer mit. In Thessaloniki lernte ich den Leiter des Goethe-Instituts, den Grafen Posadowsky, kennen. Eine improvisierte Vorstellung für die Schüler des Sprachlehrinstituts mit anschließend entstandenen köstlichen Deutsch-Aufsätzen der Studierenden ließ eine Verbindung entstehen, die mich seither mit Gustaf und seinem Ensemble zu den Goethe-Instituten der ganzen Welt führte. Die Oma lernte die ersten Brocken Griechisch von den Gastgebern und auf der Straße. Ich wanderte mit den griechischen Bekannten durch die Stadt Thessaloniki, sah, roch und schmeckte die Fremde, erlebte mit allen Sinnen den üppigen Markt mit seinem Getümmel, trank Rezina, den geharzten Wein, und aß von dem Hammelkopf, der mich auf dem Tisch der griechischen Familie mit weißgekochten

Augen anstarrte und seine Zähne bleckte. Atmosphäre und Eigenart Griechenlands und der Griechen beeindruckten mich stark, sie prägten meine Wunschvorstellungen vom Süden mit dem blausilbernen Licht des Meeres und der Berge, mit Oliven, frischen Fischen und mit der Klugheit und der natürlichen Würde der Menschen. Als ich nach Wochen auf dem Stuttgarter Hauptbahnhof aus dem Orientexpress stieg, wäre ich am liebsten wieder umgekehrt. Meine spontane Äußerung wurde mir auch lange vorgehalten: ,,So ein Mist, daß ich wieder daheim bin."

Allmählich verringerte sich die Scheu vor dem eigenen Auto. Die Finanzen ließen neue Unternehmungen zu. Zudem war man die ständige Abhängigkeit leid, das Warten, und das Fahren im vollgepfropften, sommerlich überhitzten oder winterlich unterkühlten Kleinbus, den Kampf um die Plätze. Eine bemerkenswerte Tour nach Waldshut ist mir besonders lebendig im Gedächtnis geblieben. Das Thermometer zeigte 28° minus. Der DKW schaffte gerade noch den Transport. Zum Heizen blieb keine Kraft übrig. Nicht einmal die Frontscheibe blieb vom Eis verschont. Der Beifahrer mußte ständig das Eis von innen abkratzen. Er wurde abgelöst, wenn sein Kratzarm erlahmte. Die Künstler drängten sich schlotternd zusammen und froren trotz Decken, heißen und scharfen Getränken zu Stein und Bein. Manche Frostbeule erinnerte noch lange an jene Nacht, die auf dem Rückweg noch zusätzlich Glatteis brachte, so daß wir am Berg aussteigen und schieben durften.

Nach vielen Überlegungen, nach langem Hin und Her, kaufte ich uns schließlich einen alten gebrauchten Mercedes 170 VB. Der Wagen war hellgrau und hörte auf den Namen *Lothar*. Mein Freund Friedrich wohnte gleichfalls im Stälinweg, gehörte zum Clan und mußte *ihn* abholen und vor dem Haus parken, denn er hatte von den USA her wenigstens ein bißchen Fahrpraxis. Er wollte zwar auch nicht, aber es blieb ihm nichts anderes übrig, weil ich mich nicht traute. Wochenlang träumte ich vom Schalten und Kuppeln, das Bett war völlig zerwühlt. Erst als das Auto und ich uns durch Blickkontakte etwas näher gekommen waren, startete ich nachts um 1 Uhr heimlich und fuhr mit flatternden Nerven am ,,Kandel entlang" den Stälinweg hinunter und im Rückwärtsgang dieselbe Strecke wieder hinauf. Ich hatte zwar die Fahrprüfung zweimal gemacht, aber das lag Jahre zurück. In den folgenden Nächten wurde ich kühner und lenkte mein Fahrzeug um die erste Rechtskurve, dann aus der nächsten Umgebung heraus und eroberte so langsam den Osten der Stadt bei Nacht.

Die erste richtige Autoreise führte uns nach Braunschweig, zum ersten internationalen Puppentheaterfestival in Europa nach dem Krieg.

Professor Harro Siegel hatte den Lehrstuhl für Puppenspiel an der Akademie in Braunschweig inne. Er organisierte das Treffen und lud alle ein, die in erreichbarer Ferne Rang und Namen hatten. Ich hatte von nichts und von niemand eine Ahnung, hörte zum ersten Mal, daß es außer den Hohnsteinern, dem Münchener und dem Salzburger Marionettentheater noch mehr gab, und fuhr mit Bross und meiner Assistentin Ina von Vacano sowie dem Gustaf-Ensemble im Auto nach Norden. Die frommen Vorsätze, nie über 80 km/h zu fahren, waren inzwischen schon ins Wanken geraten, und irgendwo in Hessen schleuderten wir auch prompt auf der regennassen Straße durch die Kurve und auf die linke Straßenseite. Aber der Verkehr war damals noch gering, es kam uns keiner entgegen. Wir landeten heil und müde im verregneten Braunschweig. Ina von Vacano hatte auf der ganzen Reise das Ensemble, das in Koffern verpackt auf dem Rücksitz neben ihr auf sie zu rutschen drohte, im Zaum gehalten. In einer muffigen Schnellgaststätte ließ sie zum Abschluß des Tages aus dem Musikautomaten das Lied für uns spielen: „Wasser ist zum Waschen da, falerie und falera", das uns mit seiner herrlichen Blödelei über die Flaute des Augenblicks hinweghalf. Am nächsten Tag sickerten wir zögernd in die merkwürdigste Versammlung ein, die man sich vorstellen kann. Die Puppenspieler der Bundesrepublik waren nach Braunschweig gekommen, um sich Aufführungen der Kollegen aus dem In- und Ausland anzusehen. Für Gustaf und sein Ensemble war es das erste derartige Treffen, Bross hatte schon frühere besucht. Unbefangen schauten wir uns an, was sich dem Auge bot an Skurrilität und Individualität, vom jugendbewegten Kniebehosten bis zum besseren Herrn im eigenen Wagen, der komisch wirkte mit seinem betonten Auftritt, eingeklemmt mit seiner Frau in den Fond des Wagens, damit im DKW-PKW der Chauffeur auch Platz hatte. Wir kannten als Berühmtheiten nur die Hohnsteiner und den fernen kühlen Olympier Professor Siegel. Es gab aber Gäste aus nahezu allen europäischen Ländern. In demselben Jahr wurde in Prag die internationale Vereinigung der Puppenspieler aller Länder, die UNIMA (Union Internationale de la Marionette) wieder gegründet oder richtiger, die Gründung dieser Vereinigung aus dem Jahr 1929 neu belebt. Braunschweig hatte mit der ersten „Woche des Europäischen Puppenspiels" den entscheidenden Anstoß gegeben. Viele waren gekommen, die Rang und Namen hatten oder glaubten zu haben, in der Welt des Puppenspiels, versteht sich. Wenn es sich um Theater handelt, tut man gut daran, in einem solchen Fall keine Namen aufzuzählen. Dadurch kann man niemand vergessen, und niemand beleidigen, verletzen, vor den Kopf stoßen. Bald wurde uns offenbar, wie auch in und hinter den Kulissen des Puppentheaters gerangelt oder sogar erbittert gehauen und gestochen wird, um Ansehen und Anerkennung, um Geltung und um Prioritäten. Trotzdem begannen wir uns in diese Art von Gemeinschaft einzuleben; vor allem interessierte uns, was die anderen zu zeigen hatten. Alle Marionetten wurden besonders genau beäugt und begutachtet – ob es das Münchener *„Kleine Spiel"* mit der Geschichte vom Soldaten La Ramée war, *Meschke* aus Stockholm mit Szenen oder *harry kramer berlin-paris* mit seinem mechanischen Theater. Wir waren noch sehr am Anfang, daher introvertiert und wenig bereit, die Gesänge der anderen zu akzeptieren. Im Stillen maßen wir und maßten uns an. Aber *Spejbl und Hurvinek* hatten es uns angetan. Damals noch verdeckt gespielt, also ohne sichtbare Spieler auf der Bühne, zeigten die beiden tschechischen Berühmtheiten, wie weit es Holzköpfe bringen können – wenn sie etwas können. Der Charme des böhmischen Akzents in den Dialogen zwischen Vater und Sohn ließ nicht vergessen, wie ausgezeichnet dort interpretiert wurde. *Öhmichen* spielte Theater mit Marionetten. Er wurde in den nachfolgenden Jahren hauptsächlich durch das Fernsehen als „Augsburger Puppenkiste" bekannt. *Schneckenburger* aus Zürich mit seinen modernen Versionen des Figurentheaters war schon wieder abgereist. Wir konnten ihn nicht sehen. *Carl Schröder* aus Dresden war mit seinen großartig stilisierten Puppen, seinem sächsischen Humor und seiner umwerfenden Stimme ein anregender Gast und interessanter Kollege.

Gustaf und sein Ensemble spielten offiziell zunächst nicht – aber ein Anhänger und leidenschaftlicher Amateurmarionettist aus dem süddeutschen Raum arrangierte eine „Side Show" mit uns im Nebenzimmer eines Braunschweiger Lokals. Das Debüt vor den Kollegen wurde zu einer denkwürdigen Vorstellung, vor allem für Ina von Vacano. Damals war es durchaus noch nicht gebräuchlich, offen zu spielen, d. h. sich als Spieler zusammen mit den Marionetten auf der Bühne zu zeigen, wie es bei uns von vornherein Prinzip war. Es galt noch die illusionsfördernde Guckkastenbühne als „normal" und „richtig". Einige wenige wagten für Handpuppen und Stabmarionetten den Schritt zu einer oben offenen und seitlich nicht begrenzten Spielleiste, zu einer Art Paravent-Bühne.

Unsere Vorstellung fand eine genügende Anzahl Interessierter. Vom einfachen oder etablierten Puppenspieler über den Funktionär und Theoretiker bis zum Amateur und gewöhnlichen Liebhaber war alles vertreten. Obwohl die offene Spielweise die älteste bekannte Art ist, Marionetten vorzuführen, und obwohl sie sich im Varieté erhalten hat bis auf den heutigen Tag, reagierte die Fachwelt überrascht und reserviert. Wir spielten unsere Szenen vor einem scheinbar ablehnenden Publikum. Man wollte sich nichts vergeben. Die Atmosphäre allerdings lud sich trotzdem immer stärker auf. Nach Gustafs Klavierspiel stieg Ina von Vacano programmgemäß auf die Tische, die unsere Bühne bildeten und spielte den Hund *„Hanno Mack"* in der von ihr mitgeschaffenen Szene: „Geb'n Sie dem Mann am Klavier noch ein Bier, noch ein Bier – Sag'n Sie ihm s'wär von mir...". Da platzte die Bombe, die Spannung löste sich in einem tobenden Gelächter, die Fachleute

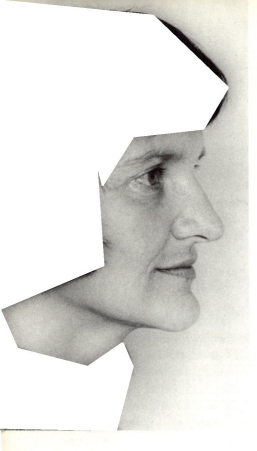

Ina von Vacano reiste mit „Gustaf und seinem Ensemble" von 1953 bis 1969

Puppenreihe: Das Ensemble in Trauer

schlugen sich auf die Schenkel und wälzten sich vor Vergnügen auf den Sitzen. Ina hatte die Idee gehabt, den Marionettenmops dieses Lied singen zu lassen. Der Text und die Stimme Bully Buhlans paßten, wie eigens für dieses faltige Mopsgesicht mit den blaßblauen Augen geschaffen. Die Psyche des Bierspießers wirkte in der Interpretation unsäglich komisch durch seine Sentimentalität und sein besonderes Kunstverständnis. „Hanno Mack" war schon die zweite Generation, seine Mutter spielte, klein, grau und mißgelaunt, mit einem blauen Ball, und die dritte Version, jetzt riesengroß und rot, hatte nur einige wenige Auftritte und dient heute nur als Ausstellungsstück. Eine gewisse Berühmtheit gewann aber nur *Hanno Mack* durch das Fernsehen als *Fido* oder *Fidole* in Begleitung der Stuttgarter Oma. Es soll Gesellschaften gegeben haben in Stuttgart, in denen Oma und Hund von honorigen Männern zu vorgerückter Stunde nachgespielt worden sind.

Ina von Vacanos überwältigender Erfolg in Braunschweig zeigte ihre Selbständigkeit und Persönlichkeit als Puppenspielerin. Sie hatte sich 1953 als freie Mitarbeiterin der Truppe des damals noch völlig unbekannten Puppenspielers Roser angeschlossen. Sie war die ideale Ergänzung in der gemeinsamen Arbeit, die sie unermüdlich mit mir aufbaute. Wir reisten gemeinsam, das Publikum verwöhnte uns. Ina liebte die fernen Länder, sie gewann überall schnell Sympathie, denn sie war unvoreingenommen offen für das Erlebnis der Fremde. Sie war großzügig und tolerant, sie liebte den Tanz, die Feste und das Leben. 16 Jahre lang teilte sie Freude und Leid mit Gustaf und seinem Ensemble. Sie hatte die Kraft, zu dienen. Ihr früher Tod im Januar 1969 war ein großer, schmerzlich betrauerter Verlust.

Die Tage in Braunschweig schlossen mit einem richtigen Skandal. Wladimir Zalozieczky, ein amüsanter betagter Puppentheaterkomödiant, sorgte mit einem roten Telefon auf seiner kabarettistischen Improvisationsleiste für den „spontanen" Auszug aller östlichen Besucher aus der Nachtvorstellung. Sein vorgesehener Auftritt bei der Abschlußfeier im Braunschweiger Monrepos mußte abgesagt werden. Er hätte zu einem Mißklang geführt. Der übersensible Osten drohte mit Fernbleiben, so daß der kompromißbereite Westen nachgab, eine Gewohnheit, die die UNIMA bis heute zusammengehalten hat. *Wir* spielten also in Braunschweig anstelle von Zalozieczky – Narren sind in gewissen Zusammenhängen heute offenbar nicht mehr zu verkraften.

Rumänien lud zu den nächsten Weltfestspielen ein. Ich fragte Leute, die sich in der Szene auskannten, ob wir uns dort mit Gustaf und seinem Ensemble zeigen sollten. Man riet uns zu. Also wandten wir uns an das Auswärtige Amt um einen Reisekostenzuschuß. Amtsrat Rose reagierte auf meine mündliche Nachfrage ungeduldig und meinte, bei ihm erscheine ein Puppenspieler nach dem anderen, beantrage Reisekosten nach Bukarest, und jeder behaupte von sich, der beste zu sein. So hatte ich allerdings meine Eingabe nicht gerade begründet. Auf Anraten erfahrener Gönner, wie dem damaligen Leiter des Auslandsinstituts in Stuttgart, Dr. Thierfelder, hatte ich zuerst bei der Stadt um eine Beihilfe angefragt und sie auch zugesagt bekommen. Da ich der Meinung war, daß Bross als Schöpfer vieler unserer Marionetten unbedingt zum Festival mitfahren sollte, machten wir uns nach Erledigung aller umständlichen Paß-, Visa- und Anmeldeformalitäten selb' dritt auf die Reise und stiegen Mitte Mai 1958 in den Orientexpress. Gustaf und die Seinen – wie immer sorgfältig in Koffer verpackt – füllten den Stauraum über unseren Köpfen, unser ganzes Programm fuhr im Gepäcknetz mit. Es wurde eine lange und heiße Bahnfahrt über Wien und Belgrad, wir waren 40 Stunden unterwegs. Neugierig und guter Dinge sahen wir den unmittelbaren und zukünftigen Ereignissen entgegen. Am Abteilfenster zogen Landschaften, Dörfer und Städte vorbei, die ich mit der Faszination des Erinnerns betrachtete. 14 Jahre zuvor hatte ich um dieselbe Jahreszeit dieselbe Reise gemacht. Am Spätnachmittag des zweiten Reisetages kamen wir gerädert in Bukarest an. Alle Grenzbeamten waren gnädig mit uns verfahren. Sie hatten nur Blicke in die Koffer geworfen, ohne uns auspacken zu lassen.

Das Hotel „Ambasador" nahm uns in seine samtrote Pracht auf, zusammen mit Hunderten von Puppenspielern aus der ganzen Welt. Mit Autos, Flugzeug, mit Schiffen und mit der Bahn waren sie aus allen Himmelsrichtungen gekommen, eingeladen von den rumänischen Puppentheatern, denen ihr Staat mit einem enormen Aufwand dieses gigantische, noch nie dagewesene Treffen ermöglicht hatte. Dr. Purschke, der unermüdliche Chronist des Puppentheaters schrieb in seiner in der BRD erscheinenden Fachzeitschrift: *„Heiße Tage – heiße Kämpfe – heißer Boden – Vorhänge rissen – Grundlagen wankten – Götter stürzten – Festival der Extreme, der Überraschungen, der Kerzen und Flammen. Wer Augen und Ohren hatte, konnte unsagbar viel sehen, hören und lernen bei diesem Festival..."*

Wir sahen die ersten Vorstellungen, und waren teilweise ziemlich beeindruckt. Dann waren wir an der Reihe. Wir brachten unsere Koffer auf die Bühne des Tandarica. Dieses staatliche Puppentheater von Bukarest stand schon damals unter der Leitung von Margaretha Niculescu. Sie verfügte über 40 festangestellte Mitarbeiter, dazu jeden rumänischen Künstler, der für eine Inszenierung benötigt wurde – ob Sänger, Sprecher oder Bühnenbildner, Techniker, Beleuchtungsfachmann oder Regisseur. Diese Potenz schlug angesichts unserer sieben Sachen kräftig zu Buche. Wir mußten immer wieder versichern, das sei alles, was wir hätten. Unsere Beleuchtung bestand damals aus zusammenschraubbaren

Gasrohrstativen, gekrönt von ausgedienten Autoscheinwerfern mit innenverspiegelten Lampen. Vergeblich boten uns die netten Bühnenarbeiter noch ein paar von den zahlreich herumhängenden Scheinwerfern an, zu den Podesten, die wir als einzige bühnentechnische Voraussetzung bestellt hatten. Obwohl wir unter den milden Blicken unserer Gastgeber inzwischen auf unser Mindestmaß zusammengeschrumpft waren, blieben wir bei unserem spartanischen Aufbau, der schieres Mitleid erweckte neben allem, was dort sonst aufgefahren war. Unter anderem erschien das Zentrale Puppentheater von Moskau mit einer Reisebühne, mit 30 Personen und drei Eisenbahnwaggons voll Bühnengepäck. Indessen waren wir aber noch nicht die kleinste Truppe, es gab auch Einzelspieler. In der Einfachheit des Aufbaues und der Mittel konkurrierte nur Sergej Obraszow mit uns, der über einen Paravent hinweg seine seit vielen Jahren berühmten und bewährten Szenen mit bloßen Händen und Kugeln, mit Hand- und Stabpuppen spielte. Er sang Romanzen, die er satirisch interpretierte, begleitet von seiner Frau auf dem Flügel, und gab seine Solovorstellung außerhalb des Wettbewerbs, der mit den Festspielen verbunden war. Die rumänischen Kulturbehörden hatten Preise ausgesetzt für Gesamtleistung, für Originalität und Interpretation, für bildnerische Gestaltung, für Musik und für Regie.

Trotz 40° Hitze wuselten die Teilnehmer wie in einem Ameisenhaufen vom frühen Morgen bis spät in die Nacht aus einer Vorstellung in die andere, ins Hotel Ambasador zum Essen und Erholen, um sich wieder ins Getümmel zu werfen, in den Streit mit uneinsichtigen Kontrolleuren an Saaleingängen oder mit Büros, die Karten verkauften und schon bei Schalteröffnung keine mehr hatten.

Wir waren für zwei Vorstellungen verpflichtet, nachmittags und abends. Die Hitze balancierte unsere Aufregung etwas aus, eines hielt dem anderen die Waage, lauwarmer Zuika, ein rumänischer Slivowiz, bewirkte den Rest und tat ein Übriges. Der Zuschauerraum füllte sich am Nachmittag gemächlich. Dann fingen wir an. Wer je vor Kollegen gespielt hat, weiß, was das im internationalen Maßstab heißt. Das Herz schlägt im Halse, die Zunge klebt am Gaumen, der Schweiß rinnt in Strömen, sogar die Hände schwitzen. In höchster Spannung lauscht man ins Publikum hinein – und spielt, und spielt trotzdem. Wider Erwarten gewannen wir unsere Zuschauer im Handumdrehen. Von Szene zu Szene fühlten wir uns besser, das Publikum „trug". Wir wagten alles, auch ganz neue Szenen, wie „La Belle et la Bête", auch den „Professor" mit einer improvisierten Unterrichtsstunde: „Sunt pueri pueri..." Und nach Gustaf kam die Oma – sorgfältig vorbereitet, in einem Kauderwelsch aus Deutsch und Rumänisch. Der Erfolg war durchschlagend, er wirkte vielschichtig bis weit hinter die Kulissen. Man erlebt so etwas wohl nur einmal in seinem Leben. Einladungen erfolgten spontan: „Aber ohne die Oma"! Die

Abendvorstellung war überfüllt. Bei dieser Hitze saß, stand, quetschte sich in das Theater, wer irgendwo noch eine Spur von Platz zu entdecken glaubte. Eine unbeschreibliche Atmosphäre trieb das Spiel und die Reaktion darauf immer höher, immer intensiver. Und am Schluß kam wieder unsere Oma aus Stuttgart. Sie sagte eigentlich nicht viel, nur ein ganz-klein-wenig mehr, als man damals dort vielleicht gesollt haben dürfte. Der Jubel explodierte. Am Schluß der Vorstellung standen wir nach endlosem Applaus mit schützend ausgebreiteten Armen vor unseren Marionetten, den Glückwünschen der auf die Bühne Stürmenden und ihren feuchtheißen Umarmungen und Küssen ausgeliefert.

Wir hatten in diesen Stunden eine unglaubliche Strecke auf unserem Weg zurückgelegt. Vier weitere Vorstellungen wurden angesetzt, Karten dazu auf dem schwarzen Markt gehandelt, Interviews gegeben, ins Mikrofon und in die Kamera. Wir schwebten einen Fuß hoch über dem Boden, von einem Fest zum anderen, wir redeten alle Sprachen und lachten uns durch die gesellschaftlichen Tage und Nächte. Mehr als vier Stunden Schlaf gab es nicht, 14 Tage lang feierten die Puppenspieler der Welt ein wahrhaftiges Fest. Es war atemberaubend und interessant und vielfältig, voll künstlerischer Vitalität und rauschender Freude an der Begegnung. Alle Hemmnisse waren weggeschwemmt, und nur am Rande sickerte mit vereinzelten Geschichten und Gerüchten die politische rauhe Wirklichkeit durch die Glasglocke, unter der das alles stattfinden konnte. Alte Freunde trafen sich nach endlosen Jahren wieder, und die Jungen erlebten staunend die Nähe und Gemeinsamkeit, die das Medium Puppenspiel über Grenzen, Politik und Sprache hinweg bewirkte. Man aß und trank am gleichen Tisch, man tanzte die Nächte durch und feierte mit den neuen Freunden die Feste, wie sie fielen. Die Abschlußeinladung in einem Seerestaurant außerhalb der Stadt bildete einen denkwürdigen, zauberhaften Höhepunkt. Von einem unwirklichen Vollmond beschienen, tanzten und sangen ein paar hundert Menschen aus allen möglichen Ländern dieser Erde friedvoll und freundlich miteinander. Rumänische Tänze nach rasanter Volksmusik erhöhten die Stimmung. Jeder suchte nach Gruppen oder Personen, die er noch nicht getroffen oder kennengelernt hatte, oder mit denen er noch keinen Austausch gehabt hatte. Es war eine quirrlige, sympathische Gemeinde, die sich unter der großzügigen Gastlichkeit noch näher kam. Keiner wird die Bukarester Tage vergessen, sein Lebtag nicht. Am Schluß, nicht nur für Gustaf und sein Ensemble, unerwartet und wie ein Paukenschlag, stand gar noch eine von den goldenen Medaillen ins Haus, ein erster Preis für Interpretation, mit 5000 Lei dotiert. Nach der feierlichen Überreichung der Urkunden spielten in einer glanzvollen Gala alle „Gepreisten" einige ihrer Szenen. Dann hatten wir drei noch 48 Stunden Zeit, um mit dem Geld fertigzuwerden. Mitnehmen, d. h. umtauschen in eine andere Währung, konnte man nichts. Es gab aber wunderbare Webereien und Stickereien, rumänische Volkskunst für die Damen, die mitgereisten, und für die zu Hause gebliebenen. Und es gab Webteppiche. Auf dem Markt hatten sie mir gut gefallen, auf dem Markt hatte ich auch zum ersten Mal ausprobiert, selbst zu ,,handeln". Noch heute denke ich mit gemischten Gefühlen an die Rosenverkäuferin, der ich für einen Armvoll ihrer duftenden Blumen einen Bruchteil des geforderten Geldes anbot. Sie griff schließlich schimpfend und klagend doch zum schäbigen Mammon, der wahrscheinlich immer noch mehr war als der übliche Erlös. Den Rosenstrauß schenkten wir unserer Dolmetscherin, Frau Rosenkranz. Sie beschwor mich, nicht einen der neuen Teppiche auf dem Markt zu kaufen, sondern erst einmal in den staatlichen Gebrauchtwarenladen wenigstens hineinzuschauen. Da mußten damals manche von ihrem Besitz verkaufen. Meine Wahl fiel dann tatsächlich auf einen großen bildschönen Blumenwiesenteppich, der eng zusammengerollt und in einen Sack genäht die Heimreise mit uns antrat und dort gut angekommen von uns und für uns ausgerollt wurde. Noch ein Fest! Nur das A. A. (,,Auswärtige Amt") meinte, wir sollten den gewährten Reisekostenzuschuß von den 5000 Preis-Lei zurückbezahlen. Daß es nicht so weit kam, war wieder Dr. Thierfelder zu verdanken, der sich dagegen einsetzte. Die Zeitungen, immerhin, waren glücklich. Eine Goldmedaille ist doch etwas, an das man sich halten kann. Sie gibt etwas her und wurde von da an benützt. Man bemerkte jetzt die Qualität unseres Spiels und konnte sie viel besser in Worte fassen.

Das Fazit von Bukarest war aber für mich nicht nur der überwältigende eigene Erfolg, sondern ein Überblick über die Entwicklung des Puppentheaters, wie er ohne dieses Festival kaum möglich gewesen wäre. Das Spektrum reicht heute von der dilettantischen Liebhaberaufführung über alle Schattierungen und Mischungen verschiedener Puppenspielarten mit Menschen und Masken, von Einblendungen über over-head-Projektoren und abstraktem Schemenspiel mit Licht und Schatten bis zu den Kolossal-Spektakeln auf Straßen und Plätzen oder auf Waldwiesen am Tage. Es ist selbst dem Fachmann nicht möglich, jederzeit über alle Entwicklungen Bescheid zu wissen – so vielfältig und neu können sie jeden Tag irgendwo auftauchen. Es wäre eine reizvolle Aufgabe, eine Anthologie des Puppentheaters der Welt zusammenzustellen und mit Bildern und Worten die bedeutendsten zeitgenössischen Puppentheateraufführungen zu beschreiben. Was sich in Bukarest als Entwicklung ankündigte, ist seitdem weiter fortgeschritten. Die Beziehung zur Kunstform Theater wurde hergestellt, der Bereich der Volkskunst endgültig hinter sich gelassen: nicht, daß es sie nicht mehr gäbe oder daß sie, die Volkskunst, keine Rolle mehr spielte. Aber sie ist nicht mehr der bestimmende Faktor, sie wird intellektuell integriert und sublimiert. Wie ein Feuerwerk leuchtete am Bukarester Himmel die sprühende, vorwärtsdrängende, ja revolutionäre Fantasie der vielen Theater aus der ganzen Welt auf. Noch hielt der Bühnenrahmen in den meisten Fällen das Geschehen zusammen, aber schon trat der Mensch als Akteur mit und ohne Maske mit der Puppe gemeinsam in Erscheinung. Die Polen waren in dieser Beziehung am kühnsten: ein Puppenspieler mit einem Tragekorb beginnt auf der Bühne sein Theater aufzubauen, indem er eine Leine zieht und eine Decke darüber hängt. Seine Geschöpfe nimmt er aus dem Korb und setzt sie auf die improvisierte Bühne, sprich Spielleiste: Puppentheater auf dem Theater. Dort beginnt der (französische) Guignol als zentrale Figur, ein „selbständiges" Spiel mit und gegen den Puppenspieler. Es war grandios gespielt und genial konzipiert. Nicht weniger eindrucksvoll boten die Rumänen mit mehreren Bühnen und Vorstellungen hervorragendes Theater. Tandarica brachte „Die Hand mit den fünf Fingern", eine Kriminalkomödie von umwerfender Komik und Treffsicherheit. Yves Joly aus Paris spielte eine Komödie mit Regenschirmen als Darsteller und eine Tragödie mit Flachfiguren aus Papier. Als eine wirkliche Flamme das Papiermädchen verzehrte, zitternd, stumm, geschah Theater, wie ich es selten sah. Joly's Szenen mit Händen waren von einem Charme und von einer Schönheit, die einen sprachlos begeistert zurückließen. Dieser hervorragende Künstler vermittelte mit seiner Truppe einen bleibenden Eindruck und wirkte bahnbrechend und anregend auf eine Generation von Puppenspielern. Der weltberühmte Obraszow aus Moskau faszinierte mich eigentlich erst viele Jahre später mit seinen Minutotschki (Minutenspielen). Damals konnte ich die überlegene Qualität der Form seiner Szenen mit Händen, Kugeln, mit Handpuppen und Stabpuppen noch nicht gebührend würdigen. Er sang, begleitet von seiner Frau am Flügel, zu seinen Szenen mit ausdrucksvoller Stimme altmodische Romanzen, die er zum größten Teil satirisch deutete. Sein Moskauer Zentrales Puppentheater persiflierte ein altmodisch bürgerliches Konzert und einen Gangsterfilm. Beide Vorstellungen waren mit einem für damals geradezu sagenhaften Aufwand an Mitteln und an Können gespielt, aber trotzdem keineswegs ein Erfolg beim (Fach)Publikum. Sie waren zu perfektioniert und überzogen. Dennoch erregten sie Erstaunen, vor allem bei den Besuchern aus westlichen Gegenden. In allen Ländern des Ostens waren nach 1945 die staatlichen Puppentheater nur so aus dem Boden geschossen, in Rumänien gab es damals allein 21(!), in Bulgarien 3, in Jugoslawien 7, in Polen 11, in der ČSSR 13, in der UdSSR 70 und im deutschen Oststaat DDR immerhin ein staatliches Puppentheater und dazu sieben kommunale Theater, die staatlich unterstützt waren. Diese Angaben wurden von Dr. Puschke übernommen, der am Schluß seiner Betrachtungen schrieb: „Wie lange wird es dauern, bis auch bei uns das Puppentheater als vollwertige Theaterkunst anerkannt und entsprechend behandelt wird?"

Mancher wird sich hierzulande fragen, ob es denn eine solche ist oder sein kann, und ich behaupte, daß es mit Sicherheit eine Form der darstellenden Kunst sein wird und daß in unserem Land entscheidende Schritte getan wurden in den letzten 50 Jahren. In diesem Zusammenhang weise ich auf den Ruf des Puppentheaters in Deutschland hin, den es in der Vergangenheit hatte! Es ist umso bedauerlicher, daß wir in diesen Tagen etwas hinter den Entwicklungen in anderen Ländern herhinken. Ich will keinesfalls dem staatlichen Puppentheater den absoluten Vorzug geben, wohl aber nicht müde werden, darauf hinzuweisen, daß es bei uns noch immer keine Ausbildung gibt. Sie ist nur als eine staatliche Institution denkbar. Die privaten Ansätze scheiterten an persönlichen Unzulänglichkeiten und mangelndem Gemeinsinn. Wenn der oder die Bürger aber eine Aufgabe nicht bewältigen, ist es Sache ihrer gemeinsam errichteten und betriebenen Einrichtung, nämlich des Staates, das Notwendige zu veranlassen. Aber bei uns wird anstelle der Entwicklung eines bewährten und vorhandenen Instruments als Konsequenz auf die Erkenntnis, daß man für die Kinder endlich mehr tun sollte, eine neue Form ins Leben gerufen, die man Kindertheater nennt. Das Puppentheater als unzweifelhaft beste Theaterart für Kinder wird weiter vernachlässigt. Es paßt nicht recht für uns tüchtige und großartige Macher, sich mit ,,so etwas" ernsthaft einzulassen, und Puppentheater energisch zu fördern. Wenn es sich um ,,richtiges Theater" handelt, finden sich allemal die Subventionsmillionen und die Kritiker und alles andere, was dazu gehört, zum ,,ordentlichen Kunstbetrieb". Langsam nur wächst die Einsicht bei wenigen, und es gibt nur ein paar Raben, die weise sind und die Zukunft bedenken. Denn wir sollten den Anschluß an unsere Nachbarländer nicht verlieren. Nicht nur in den östlichen Ländern bei den Staatlichen Puppentheatern geschieht Entscheidendes. Was sich in den USA und Kanada in den letzten 10 Jahren innerhalb des Puppentheaters ereignet hat, muß in Europa staunend wahrgenommen werden. Außer der in den westlichen Ländern üblichen Ensembleform von einem bis vier Mitgliedern bilden sich in Nordamerika auch größere Gruppierungen mit neuen Tendenzen. Das Nebeneinander wirkt befruchtend. Eine lange Phase das Abwartens und Anlehnens an übernommene und hier als konservativ empfundene Formen wird abgelöst. Die Unvoreingenommenheit und Unbefangenheit allem Neuen gegenüber unterstützt die Initiativen. Es gibt in den USA allerdings keinen so weitgehenden Anspruch auf Subvention von Kunst durch den Staat. Vieles läßt sich dort wesentlich härter an. Kanada dagegen folgt mehr der europäischen Auffassung von Kunstförderung. Das Tempo der Entwicklungen in beiden Ländern ist erstaunlich. ,,Sesame Street" als erste großangelegte TV-Erziehung, und ,,Bread and Puppets", die Gruppe des gebürtigen Deutschen Peter Schumann mit seinen Umzügen und Straßentheaterfiguren von über vier Meter Höhe, wirken heute weltweit avantgardistisch und nicht nur für den engeren eigenen Bereich des Puppen- oder Figurentheaters. Wann wird bei uns die Einsicht so weit gediehen sein, daß die notwendigen politischen Schritte unternommen werden zur Gründung eines regelrechten Studienganges an einer Hochschule für darstellende Kunst? Wann ist endlich Schluß mit den halbherzigen Zusagen an die liebenswürdige Kleinkunst und die schulterklopfend-lächelnde Duldung dieser ach so skurrilen Leute, die sich Puppenspieler nennen? Seit 1952 wird an der Theaterfakultät der Akademie für Musische Künste in Prag Puppenspiel gelehrt, eine Folge des Theatergesetzes aus dem Jahr 1948, das dem Puppenspiel die Gleichberechtigung mit dem großen Theater brachte. Dem Puppenspiel wurden dadurch die gleichen ethischen und ästhetischen Werte zugesprochen, die man den übrigen Kunstgattungen schon längst zuerkannt hatte – in der Tschechoslowakei, wohlverstanden. Denn in der Bundesrepublik war es möglich, in der sogenannten Künstlerenquete (1976) trotz Protestes des seit einem Jahrzehnt bestehenden Berufsverbandes die Puppenspieler in die Sparte ,,Artisten" gemeinsam mit Discjockeys einzuordnen. Nichts gegen Artisten und nichts gegen Discjockeys, aber Puppentheater hat andere Aufgaben, eine andere Arbeit und braucht deshalb auch andere Voraussetzungen. Schaut man schon neidvoll auf das kleine Land ČSSR, gönnt man ihm gleichwohl die Avantgarde, die in der Linie der kulturellen Tradition dieses zentraleuropäischen Landes liegt! Man ist glücklich, daß es so nahe bei uns ein so großartiges Beispiel gibt.

Aber wer nimmt hier Kenntnis davon und wann werden Konsequenzen gezogen? Mehr als 25 Jahre Vorsprung sollten vielleicht genügen, hier endlich etwas bei uns voranzubringen. In der DDR gibt es inzwischen 13 staatliche, 20 freischaffende und rund 300 Amateur-Puppentheater und an der Staatlichen Schauspielschule in Berlin eine eigene Fachrichtung für Puppentheater. Das Kultusministerium hat einen Wettbewerb für neue Puppenspiele ausgeschrieben und erwartet dazu Einsendungen namhafter Schriftsteller ebenso wie Beiträge engagierter Amateure. Dieselbe Meldung der Norddeutschen Zeitung spricht von der Puppentheatersammlung in Dresden als einer der umfassendsten in Europa – wer weiß, wer spricht von der westdeutschen Puppentheatersammlung in München? Von dieser ersten und weitaus größten, von Ludwig Krafft in unendlicher Arbeit und sehr persönlicher Initiative zusammengetragenen Sammlung? Jedenfalls keiner von den Journalisten, die mich in Moskau anläßlich des Gastspiels dort beim UNIMA-Festival 1976 interviewten und die zwar das ausgezeichnete Puppentheater von Obraszow und die Ausstellung in dessen Foyer kannten, aber völlig überrascht waren von der Information, daß die größte derartige Sammlung und die umfänglichste in München seit über 30 Jahren besteht. Ob wohl einer der Herren sich inzwischen in München danach umgesehen hat, und wenn es nur wäre, um seinen Kenntnisstand in Sachen Puppenspiel zu erweitern?

Bei einer Zahl von ca. 60 renommierten Puppentheatern und weiteren 60 beruflich tätigen Bühnen, einer Dunkelziffer von rund 100 halbprofessionellen und einer nur zu ratenden Zahl von reinen Amateurpuppentheatern, in Westdeutschland ergibt sich aus einer Hochrechnung eine Besucherzahl von jährlich ca. 3 Millionen allein im Bereich des Kinderpublikums. Will man hier warten, bis neue Texte und neue Spiele nur im Osten zu haben sind und wir unsere Puppenspieler zur Ausbildung dorthin oder nach den USA schicken müssen?

9. Kapitel

Im Namen Goethes

Eigentlich müßte dieses Kapitel mit einem entsprechenden Zitat beginnen. Aber ich will *ihn* nicht strapazieren, und Sie auch nicht. Im Jahr 1959 zogen wir wieder mit dem Ensemble in die Ferne und benützten noch einmal den Zug. Es war die erste Reise im Auftrag des Goethe-Instituts, die auf Grund der ersten Kontakte in Thessaloniki zustande kam. Gustaf (und sein Ensemble) war stolz, sozusagen in offizieller Mission reisen zu dürfen. Das weitete sich aus, in jedem Jahr ein wenig mehr, bis zu Tourneen nach Südamerika und Asien, die einen ganzen Kontinent erfaßten, uns fast überall auf der Welt gastieren ließen und Gustaf und sein Ensemble – in aller Bescheidenheit sei es nicht verschwiegen – zu einem Stück auswärtiger Kulturpolitik machten. Ich bin dieser Institution und den Menschen, die dort arbeiten, von Herzen dankbar. Nicht nur die Tatsache der Reisen an sich, mehr eigentlich die Art, ferne Länder kennenzulernen, indem man dort arbeitet und von jemand betreut wird, der dieses Land schon kennt und (oft) liebt! Unternehmende und risikofreudige Männer und Frauen waren nach dem Krieg hinausgezogen und hatten unter schwierigsten Verhältnissen begonnen, die deutsche Sprache zu lehren. Sie handelten vielfach aus eigener Initiative. Nach Jahren fanden sich alle vereint unter dem Dach einer Institution, die zumindest in den ersten 20 Jahren ihres Bestehens den Schwung und die Frische des Anfangs behielt. Je größer und je stärker die Institution wurde, desto schwieriger wurde sie für die Individualisten, die einst das Bild und die Arbeit des Ganzen geprägt hatten. Einige wurden pensioniert, andere schieden aus. Was blieb, ist immer noch so, daß ich nach diesen 19 Jahren ein starkes Zugehörigkeitsgefühl habe, lebhaft Anteil nehme an allem, was das Institut betrifft und es verteidige, wenn es wieder einmal ins Schußfeld von Leuten gerät, die keine Ahnung haben, was es heißt, jahrelang irgendwo draußen zu arbeiten unter Verhältnissen, die im günstigsten Fall „nur" der eigenen Mentalität nicht entsprechen, die viele Male aber auch so unmöglich sind, daß sich die Kritiker wahrscheinlich weigern würden, unter solchen Umständen weiterzuarbeiten.

Unsere erste Reise nach Spanien ging nach Barcelona und Madrid. Beide Namen gehörten für mich zur sagenhaften und unerreichbaren Ferne. Sorgfältig wurde die Reise vorberei-

Rechte Seite: Experimente mit einer Vogelmaske: ... Flötentöne

tet. Mit meinem alten Auto schien sie mir zu weit und zu riskant. Die Eisenbahn hatte allerdings auch einen Haken. Damals wechselte an der spanischen Grenze noch die Spur. Würden wir genügend Zeit haben, mit dem ganzen Gepäck aus einem Zug in den anderen umzusteigen? Würden wir notfalls Hilfe finden, würden wir an einem Bahnsteig umspuren oder auf freiem Feld halten?

Es wurde dann auch aufregend genug, mit allen Formalitäten, Sprachschwierigkeiten und Schleppereien, an einem sehr frühen Morgen an der Grenzstation zwischen Frankreich und Spanien. Umgeladen mußte tatsächlich auf freiem Gelände werden. In Barcelona holte uns der Leiter des Goethe-Instituts mit seinem VW-Käfer ab. Nach Zurückklappen des Cabriodaches verluden wir die Koffer und uns aufs neue, alles senkrecht. Auf diese Weise ging es, ,,es" fuhr auch noch, daß sich die Federn bogen. In Spanien war so etwas möglich – pardon, in Catalonien. ,,Arriba – abajo!" lernten wir vom Liftboy, der uns die beiden ersten spanischen Worte geduldig immer wieder vorsagte, wenn wir im Hotel ,,rauf" oder ,,runter" wollten. Er gab sich nicht zufrieden, bis wir diese beiden Worte einwandfrei beherrschten, bis das ,,r" auf der Zunge rollte und bis das ,,b" halb wie ein ,,w" ausgesprochen wurde. Zuletzt strahlte er, und wir auch: ,,Viva España!" ,,Es lebe Spanien!"

In jeder freien Minute vor und nach der Siesta, nach der Mittagsruhe, die den Tag verdoppelt, stürzten wir uns in die Stadt Barcelona. Wir entdeckten ohne Führung oder Baedekker für uns ein Stück dieser herrlichen Welt. Die ,,*Caracoles*", eines *der* Lokale in der Altstadt, blieben für uns jahrelang *das* Erlebnis. An der Ecke, wo eine kleine Gasse in die Hauptstraße einmündet, drehten sich vor einem Holzkohlenfeuer im Freien appetitlich duftende Hähnchen. Das zog uns an und hinein. Da wir die Speisekarte zwar lesen, aber nicht verstehen konnten, schauten wir uns auf den Nachbartischen um und deuteten mit deutschen Zeigefingern auf die Speisen, die wir probieren und riskieren wollten. Wir hatten auf der Galerie Platz genommen und genossen den Blick auf das Lokal hinunter, das sich wie ein Schlauch vom Eingang bis unter unsere Plätze zog. In der Mitte stand der riesige holzbeheizte Herd mit dem Rauchfang darüber. Ein Dutzend Köche hantierte und kochte um diesen Herd herum und bereitete die verschiedensten Speisen in traumhafter Eleganz der Bewegung und zielsicherer Geschwindigkeit. Den Wirt entdeckten wir auf der Seite neben dem Herd an einem separaten kleinen Tisch. Er aß. Er aß immer, wenn wir hinschauten, und wir schauten eigentlich immer hin. Er probierte wahrscheinlich alles. Keine Speise, die vom Herd weg zum Anrichten gebracht wurde, entkam ihm. Er war so dick, daß man seinen Umfang nicht fassen konnte. Er weckte Vertrauen und wirkte ehrwürdig, ja bewundernswert. Das Essen war wie der Wirt: Umfänglich u n d gut.

Viele Jahre lang trafen wir diesen Wirt immer wieder in bester Verfassung und bei gleichem Umfang an. Wir standen mit beiden Beinen mitten im spanischen Leben, begannen zu verstehen, weil wir mitschmeckten und fühlten, wir schwammen auf der uns Deutschen in der Regel unbekannten und dem Schwaben verdächtigen Wollust des Essens und Trinkens mit den Gästen des Lokals in die Nacht hinein. Die Wartezeiten machten es möglich und genußreicher, als die eilige und nur zweckmäßige Abfertigung zu Hause.

Das Hochgefühl trug uns nach dem Essen in die Straßen der Altstadt hinein. Wir spazierten durch die engen Gassen, wir schlenderten der Nase und bald den Ohren nach. Musik erklang irgendwo. Plötzlich standen wir auf dem Platz vor der Kathedrale, mitten im Sardanas, dem Nationaltanz der Katalanen. Der hell erleuchtete Platz war voller Menschen. Sie trugen Alltagskleider und an den Füßen Bastschuhe, die kreuzweise an den Waden gebunden waren. Eine Musikkapelle mit Holzbläsern und Trompeten spielte auf. In großen und kleinen Kreisen tanzten Männer und Frauen fast lautlos die komplizierten Schrittfolgen. Niemand redete, alle waren konzentriert in feierlichem Ernst. Es hatte etwas Höfisches, eine spannungsvolle Anziehungskraft forderte zum Mitmachen auf. Nach einem Versuch ließen wir das schnell wieder bleiben, es war zu schwierig. Der Platz selbst schien sich nach den stark ausgeprägten Rhythmen und den fremdartig hellen Klängen zu bewegen, die Tanzenden wirkten wie ein einziges webendes und schwebendes Element. Dieses Erlebnis faszinierte uns und kündigte viele weitere Begegnungen mit dem Tanz in Spanien an. Wir hielten aus, bis um Mitternacht der Reigen zu Ende ging, und die Menschen in Gruppen leise schwatzend nach Hause gingen.

Tage wie diese, in denen das Neue, die lockende Fremde uns so vollständig absorbierten, machten verständlich, was in alten Geschichten erzählt wird. Man meint, nur eine Woche in der Fremde gewesen zu sein. Aber an den Nachbarn zu Hause sieht man, daß es Jahre gewesen sein müssen. Man fängt an, zu begreifen, daß man nicht nur 1000 km weit weg war oder eine Woche lang, sondern daß die Reise 1000 km × 1 Woche weit war und ebenso lange gedauert hat. Je intensiver und je größer das Reiseerlebnis ist, desto mehr wird man verändert, desto mehr ist man seinen Lebensumständen und Mitmenschen zu Hause in seltsamer Weise entfremdet und kann es nicht ändern, nicht rückgängig machen. Es ist eine schmerzliche Erfahrung, daß man speziell Reiseerlebnisse selbst seinen Nächsten nicht mitteilen kann, wenn Sie nicht selber Ähnliches erlebt haben.

Ich erinnere mich noch gerne an einen Ausflug nach *Sitges,* einem damals noch idyllischen Fischerort am Meer und auch an die Fahrt von Barcelona nach Madrid mit dem ,,Rapido", dem Superschnelltriebwagen der spanischen Eisenbahn. Gepäck durfte grundsätzlich mit dem Nobelgefährt nicht befördert werden. Nun galt es, die Grundsätze richtig auszulegen bzw. dem wichtigsten der Beamten einen bestimmten Blickpunkt zu vermitteln und nahezubringen. Das war durchaus möglich mit Hilfe kleiner bunter Papiere. Die Kunst bestand darin, sie in *annehmbarer* Weise von einer Hand in die andere wandern zu lassen. Das muß man aber erst lernen! Und ich übte, als völliger Ignorant im mediterranen Erledigen von nicht unüberwindlichen Schwierigkeiten, wie man elegant und unauffällig die Scheinchen handhabt, und wie sich mit winzigen Gebärden und andeutenden Bewegungen oder Blicken ohne lästige mündliche Verhandlung eine „Tour" managen läßt.

Die Vorstellung in Madrid lief über Erwarten gut. Die Spanier haben eine besondere Ader für Irrationales. Das Goethe-Institut in Madrid plante sofort weitere Vorstellungen für die iberische Halbinsel, die in den folgenden Jahren in regelmäßigen Abständen zustande kamen, großen Anklang fanden und in vieler Hinsicht anregend auf uns wirkten. Der *Flamenco* wurde für mich zum stärksten Tanzerlebnis, das mit seiner teilweise tragischen Ausstrahlung sogar ein beginnendes Verständnis gegenüber dem Stierkampf zuließ. Das schwarze Fell der Stiere und die weiße Haut der Matadoros symbolisierten für mich die Polarität Spaniens, die Hochspannung in Licht und Schatten, arm und reich, gut und böse, grausam und edel, das Zusammentreffen zweier Kontinente in Liebe und Haß bis zur Zerstörung, durch die phänomenale Formkraft in künstlerischen Bereichen ergänzt zur dualistischen Gesamtheit Spanien. Es gab andächtige Momente, etwa in einer Kirche südlich Madrids, wo ein Gemälde El Grecos noch immer an derselben Stelle betrachtet werden kann, für die es einst gemalt worden ist; oder in einem Dorftheater aus dem 16. Jahrhundert, Geheimtip eines spanischen Schauspielers deutscher Zunge, Manuel Collado, der den *Bululu* spielte. Dieses Einmann-Theater wird von einem Kommödianten im bunten Fleckengewand allein gespielt. Alle Rollen stehen als plakatähnliche Figurenschilderungen auf der Bühne. Der Akteur tritt jeweils hinter eine von ihnen zum Zeichen, daß er sich in die jeweilige Rolle verwandelt.

Zu den Sternstunden auf den Gastspielreisen in Spanien gehörte Cordoba mit seiner Moschée. Wir traten anläßlich einer britischen Woche auf. Die Vorstellung war quälend, weil ein kleines Kind seine Mutter lautstark ununterbrochen fragte. Es verstand nichts von dem, was wir spielten. Zudem war es verwirrt, daß der Puppenspieler zu sehen war, es wußte nicht, wem es zuschauen sollte. Dies alles wußten wir, sagten es dem Veranstalter, aber auf der ganzen Welt passiert es uns immer wieder, daß auf diese Weise unsere Vorstellung gestört wird und keinerlei Konzentration aufkommt. Das Publikum verliert sich nicht, es bleibt bewußt, und wir machen in solchen Fällen Kunststücke, sonst nichts. Wie ich solche Vorstellungen hasse!

Am selben Abend aber lernten wir das Buch „Platero y jo" kennen. Wir bekamen es geschenkt, mit der Empfehlung, es in der Originalsprache, in Spanisch, laut zu lesen. Der zärtliche Zauber, der von den Grautieren ausgeht, strömt auch aus der Prosalyrik von Jimenez: „Platero y io" („Der Esel und ich") – *Platero es pequeño*... Der Ärger war vergessen. Das ist die andere Seite Spaniens. Zärtlichkeit und Tiefe des Gemüts, formvollendete Einfachheit: Das gleicht die Absolutheit und zerstörerische Leidenschaftlichkeit aus, die wie die Sonne am Mittag erbarmungslos brennt.

Die Heimreise traten wir via Paris an, wieder mit dem *Rapido.* Es ging alles gut. Wir hatten unsere Lektion auswendig gelernt. Ab Grenze wurde es urgemütlich. Auf der französischen Spur teilten wir unser Abteil mit einer Familie bzw. mit deren Kind, das in einer quergespannten Hängematte die Nacht verkürzte oder verlängerte, je nachdem ob man sich als Eltern oder Mitreisender fühlen konnte. Am Gare de l'Est in Paris drang die Wintersonne langsam durch den Frühnebel, es wurde ein kalter, aber sonniger Tag. Wir kamen wohlbehalten im warmen Abteil nach Hause. Ein Stück unser selbst aber blieb in Spanien hängen und rief uns immer wieder dorthin zurück: Ich hänge an diesem Land!

Von der denkwürdigsten aller Bahnreisen möchte ich noch erzählen, im Vorgriff auf die erste Asienreise, die wir 1965 im Auftrag des Goethe-Instituts unternahmen. Auf dieser weiten Tour war die Eisenbahn ein Intermezzo. Es war einmalig, und blieb es, Gott sei Dank. Über Nacht fiel in Kabul/Afghanistan so viel Schnee, daß unser Flugzeug nicht landen konnte. Die Deutsche Botschaft ließ uns mit einem Landrover über den Khyberpaß hinunter nach Peshawar/Pakistan zum nächsten Flugplatz und zur Anschlußmaschine nach New Delhi bringen. Der 8-Stundentrip durch das Einfallstor Asiens auf den Subkontinent mit allen landschaftlichen Reizen einer Paßfahrt durch das Karrakorum-Gebirge, vorbei an den Wohnburgen der nie unterworfenen Klans links und rechts der Straße, führte über den Schmuggelmarkt an der Grenze in abenteuerlichen Serpentinen nach Peshawar hinunter, wo wir gleichzeitig mit den ersten Lichtern der Stadt auch unsere in den Abendhimmel entschwindende Maschine entdeckten. Nach einigem Fragen und Überlegen blieb nur eine einzige Möglichkeit, wenn Gustaf mit seinem Ensemble den Zeitplan der Tournee einhalten wollte (und das tut man eben als Deutscher). Wir lösten also Fahrkarten 1. Klasse für den Nachtschnellzug nach Lahore, wo wir am anderen Morgen anzukommen hofften. Die Pakistani sind Mohammedaner. Auf die Eisenbahn angewendet heißt das, Männlein und Weiblein fahren in getrennten Waggons. Dagegen sträubte sich Ina von Vacano. Also weigerten wir uns beide strikt, getrennt zu reisen. Wir verfügten uns mit unserem gesamten Gepäck in ein Abteil, in dem sich außer uns schon sechs Muselmanen mit ihren sieben Sachen niedergelassen hatten, darunter ein schöner, weißhaariger alter Mann, das Oberhaupt eines Klans. Es waren die Tage des Ramadan, des Fastenmonats. Während dieser Fastenzeit darf nach den Regeln des Islam erst ab Sonnenuntergang gegessen und getrunken werden. Ein Kanonenschuß kündigt den freudvollen Moment an. So hatten unsere Mitreisenden nicht nur ihre Betten mitgebracht, sondern auch noch umfangreiche Mahlzeiten. Der vornehmste unter ihnen hatte seinen Diener mit, der auf der Plattform des Waggons so gut wie die ganze Nacht lang kochte. Aber wir waren ja erst gerade zugestiegen. Wir saßen beide im Männerabteil. Das war die Sensation auf dem Bahnhof. So etwas hatte es noch nie gegeben. Was Beine hatte, rannte herbei, um sich das anzuschauen: eine Frau, unverschleiert, im Männerabteil. Wahrscheinlich kann man sich als Mitteleuropäer nicht vorstellen, welche Gefühle diese Sittenwidrigkeit bei den Leuten auf dem Bahnhof in Peshawar auslöste. Eine Nacktwirkung war es mindestens. Das Abteilfenster war jedenfalls voll besetzt, von außen natürlich. So lange der Zug noch stand, hoben Mütter ihre zeternden Kinder hoch und drückten sich mit ihnen gemeinsam die Nasen am Glas platt. Dazu ertönte ein ohrenbetäubendes Geschnatter und Geschrei. Unsere Abteilgenossen gaben sich betont lässig und unauffällig, sie schauten geflissentlich an Ina vorbei, wie diese es schon aus früheren Reiseerfahrungen in Ländern des Propheten kannte und mißbilligte. Endlich setzte sich der Zug in Bewegung. Wir waren alle erleichtert. Man begann sich zu arrangieren, die Schlafbänke wurden heruntergeklappt, man unterhielt sich. Doch schon tauchten neue Klippen aus der Nacht auf. Alle fingen an zu essen und zu trinken, nur wir nicht. Aber kein Mohammedaner darf essen, wenn einer zuschaut, der nicht ißt – egal, ob er nichts hat, nicht will oder aus welchem Grund immer. Von allen Seiten wurde uns angeboten, und jetzt war guter Rat teuer. Man hatte uns vor der Reise eingeschärft, mit Speisen und Getränken unendlich vorsichtig zu sein. Andererseits konnten und wollten wir die freundlichen Männer nicht vor den Kopf stoßen. Ausweichmöglichkeiten gab es ebenfalls keine. Mit viel Kunst des unauffälligen Auswählens und mit schnellen, kleinen, heimlichen Whisky-Nachschlucken, zum Desinfizieren, lavierten wir uns durch die Gastfreundschaft dieser Nacht. Tee war immerhin gekocht, und wenn man den Glasrand nicht in den Mund nahm, konnte nicht viel passieren. Schließlich legten sich alle schlafen. Die Nacht wurde bitter kalt. Ina bekam aus mehreren Betten Einzelteile zum Zudecken. Ich selbst fror mir einen Schnupfen und einen Ischias an den Leib, was beides dafür sorgte, daß nicht nur für die nächsten 4 Wochen die Erinnerung an die Nachtfahrt erhalten blieb. Am Morgen kamen wir glücklich in Lahore an. Zwei Gestalten mit roten Hemden und roten Turbanen nahmen unser gesamtes Gepäck auf den Kopf. Das machte auf jeden schwankenden Schädel 4 Koffer, wir erwarteten jeden Augenblick einen Absturz oder ein Zusammenbrechen der dünnen bloßen Knochenbeine unserer Träger. Doch es ging alles gut, nach überreichlichem Bakschisch entließen wir unsere vor Freude schreienden Roten, nicht ohne sie fotografiert zu haben. Zwei Taxis brachten uns zum Flugplatz, und wir erreichten munter, wenn auch etwas verschnupft, aber planmäßig unser nächstes Reiseziel.

Unser wachsamer Reisegefährte: Ein Handpuppenhund

10. Kapitel

Fahrt über sieben Grenzen

„Lothar", mein erstes Auto, hatte einen Nachfolger bekommen. Der neue Gebrauchte war von der gleichen Marke und vom gleichen Typ, nur die Farbe war anders, nämlich elegant schwarz – wenige Kilometer gefahren, ein vornehmer Diener, *Herr Ypsilon* genannt. Mit ihm ging es auf große Fahrt über Jugoslavien nach Griechenland im Auftrag des Goethe-Instituts. Nach Bulgarien hatte das Puppentheater in Sofia während des Bukarester Festivals im Jahr vorher eingeladen. Das Visum für dieses östliche Land hatte seine eigene Geschichte, weil es trotz rechtzeitiger Beantragung nicht und nicht kommen wollte. Schließlich telefonierten wir sogar mit Bulgar-Concert und erhielten die Auskunft, daß wir *„Visum haben müssen, ist abgeschickt"*. Gute Freunde halfen schließlich, und über Ost-Berlin hatten wir 24 Stunden vor der Abreise per Eilboten und Einschreiben unsere Pässe wieder, und darin auch das Visum für Bulgarien.

Reisevorbereitungen haben es sowieso schon in sich. Man stelle sich vor, daß ein ganzes Theater verpackt werden soll. Das muß bewältigt werden, wenn ein Puppenspieler auf Reisen geht. Und das ist nicht alles. Je länger die Reise, desto mehr fällt an, bevor man sie antritt. Man muß Haus und Hof bestellen. Den Telefondienst übernimmt die Post. Aber wie hält man es mit den Briefen, Anfragen, Rechnungen und was so alles morgens im Schalter steckt? Welche Termine fallen an und welche fallen aus? Wer bekommt welche Adresse von unterwegs für alle Fälle? Welche Geldsorten braucht man für die einzelnen Länder und wieviel von den jeweiligen? Sind die Pässe noch gültig? Welche und wieviele Visa braucht man für Einreise, Ausreise, Durchreise? Stimmen alle Daten? Haben wir alle Kontaktadressen für unterwegs? Ist Werkzeug im Auto, welche Ersatzteile muß man unbedingt mitnehmen, außer dem Ersatzschlauch, dem Flickzeug und den Montiereisen? Die Liste ist noch viel länger, so daß es vor jeder Abreise ähnlich zugeht bis auf den heutigen Tag und jeder bis zur letzten Minute alle Hände voll zu tun hat.

So war es auch an jenem Maitag 1959. Um *Mitternacht* brachen wir auf, drei Stunden später als geplant. Im „Träuble" in Gablenberg hatten wir bei unserer Wirtin Alice noch zu Nacht gegessen. Eine herrliche sternklare Mainacht vertrieb sofort alle Hetze, Aufregung und Schufterei aus unserem bis ins einzelne gepackten, durchgeprüften und vollgetankten Auto. Eine halbe Stunde Schlaf auf einem Parkplatz an der Autobahn Ulm-München brachte mich soweit auf Trab, daß wir gegen 3 Uhr ohne weitere Probleme am Langwieder See zur ersten Übernachtung anlangten. Am nächsten Tag ging es nach einem Münchenbummel weiter ostwärts, über die erste Grenze bei Salzburg nach Österreich hinein. War das ein Hochgefühl! Im eigenen Auto, Gustaf und sein Ensemble eingepackt – fuhren wir für endlos scheinende Wochen bei strahlender Sonne hinaus in die Welt, in das Abenteuer, das Leben heißt.

Wenn zwei so gestimmt sind, wie wir es waren, bereit, die ganze Welt in den Arm zu nehmen und ans Herz zu drücken, sind sie nicht aufzuhalten. Sogar Zollbeamte lassen sie ziehen. So ging es wunderbar glatt bei der ersten Grenze. In den österreichischen Bergen füllten wir als erstes an einer Quelle unseren Wasserkanister. Über damals noch ungeteerte Paßstraßen folgten wir der vom ADAC ausgearbeiteten Reiseroute. Maikäfer gab es auch noch. Nach einer Übernachtung in Graz erreichten wir über Maribor auf Landstraßen, die wie Kraterlandschaften aussahen, die „Auto-Put" nach Zagreb und Belgrad. Der Gegenverkehr bestand in einem Auto während einer ganzen Stunde. Stand ein Wagen auf der Straße, hielt man selbstverständlich und versuchte zu helfen. Am dritten Reisetag kurvte *Herr Ypsilon* unverdrossen im jugoslavischen Mazedonien. Die Ziegen- und Schafsherden auf der Straße erhöhten die Aufmerksamkeit und die Geduld des Fahrers, jeder Moment konnte uns in eine schwierige Situation bringen. Die Hirten bedachten die Störenfriede mit finsteren Blicken, einige schrien wütend hinter uns her und warfen mit Steinen. Bei einem Wolkenbruch drang das Wasser unter die Kühlerhaube und stellte unsere Zündung ab. Zigeuner tanzten in Gruppen am Wegrand oder zogen gleich uns nach Süden. Auf den Eseln ritten die Männer, manchmal auch eine wilde, halbverschleierte Schönheit mit ihrem kleinen Kind. In den Dörfern blitzten dunkle Augen unter Turbanen. Unermüdlich nahmen wir die Fremde in uns auf, mit offenem Mund fuhren wir durch die Landschaft und aßen das Brot der Fremde. Es war staubig. Am späten Nachmittag hielten wir auf einer der Paßhöhen und stiegen aus, um die grandiose Aussicht zu genießen. Ein junger Hirte trat zu uns, legte mit einer unvergeßlichen Selbstverständlichkeit seinen Arm um meine Schulter und begann, die Berge ringsum zu erklären. Albanien lag im Südwesten, Griechenland im Süden, im Westen Bosnien und die Herzegowina, und im Osten Bulgarien. Wir verstanden ihn in seiner einfachen Würde. Seine offene und liebenswerte Gastfreundlichkeit entzückte uns. Ich wollte ihm etwas gutes antun und bot ihm von dem vorzüglichen, hausgemachten Slibowitz an, den uns in Belgrad eine befreundete Puppenspielerin mit auf den Weg gegeben hatte. Aber wie jung der Hirte war, und wie bescheiden er vermutlich lebte, hatte ich nicht bedacht. Er nahm einen Schluck aus meiner Flasche, war offensichtlich entsetzt und spuckte wieder aus. Er hatte noch nie so etwas auf der Zunge gehabt. Ich fühlte eine peinliche Beschämung wegen meiner Unüberlegtheit. Rasch bot ich ihm kühles Wasser aus unserem Vorrat. Da war die Harmonie wieder hergestellt. Am Abend begegnete uns in Kuma Novo zum ersten Mal, was wir später oft erlebten: der große Abendspaziergang. Die kaum beleuchtete Hauptstraße war schwarz von Menschen, wir konnten nur im Schrittempo vorwärtskommen. Das ganze Städtchen war auf den Beinen. Das schien uns nicht geheuer, bis wir endlich verstanden, daß dort nichts besonderes los war und sich nichts zusammenbraute, sondern daß die Leute ganz einfach am Abend auf der Straße zusammenkamen, um miteinander zu reden. Kichernd und tuschelnd, hübsch angezogen und untergehakt flanierten die Mädchen die Straße hinunter, nach den Burschen schielend, die herumstanden oder sich langsam im Pulk die Straße hinaufschoben, um den Mädchen wieder zu begegnen. Die Alten hockten rauchend an den Ecken, man steckte die Köpfe zusammen, besprach sich und hatte dabei ein Auge auf die Jungen. Die „Promenade", wie wir den Abendgang unter uns nannten, war ein bezeichnendes Stück Leben und Lebensgefühl des Südostens, das wir kennenlernten.

Nach einer endlosen Fahrt in den nächtlichen Sternenhimmel hinein über einen weiteren Paß machten wir in Bitola Halt und übernachteten. Der Morgen zeigte uns die malerische Stadt mit ihren Minaretts. Wir bedauerten, daß wir nicht bleiben konnten, und kamen zur nächsten Grenze, der jugoslawisch/griechischen. Da gab es Schwierigkeiten. Mit Händen und Füßen versuchten wir unsere Harmlosigkeit zu beweisen. Die griechischen Grenzer waren neugierig, zahlreich und mißtrauisch. Der Nachkriegskrieg des General Markos saß ihnen noch in den Knochen. Fotografieren durfte ich nicht und niemand. Aber schließlich befand sich das Auto samt Inhalt in unserem Paß eingetragen und mit Stempel versehen. Jetzt durften wir weiter. Die Straßen wurden noch schlechter. In einem armseligen Dorf baten wir vergeblich um Wasser. Wir trafen nur auf feindselige stumme Blicke alter Leute. Es war eine trostlose Gegend, voll weißer Hitze, voller Steine, dürftig und elend.

Bald aber kamen wir auf geteerte Straßen, die allerdings immer wieder Schlaglöcher in der Größe von Badewannen hatten. Es war eine gefährliche Beigabe. Vorbei am Fuß des Olymp, mit ein paar Erholungspausen in Tavernen bei Käse und Wein schafften wir die Fahrt durch das Land. In steilen Kurven, die ins Nichts zu führen schienen, ging es über den Parnaß, durch weite Täler und Olivenhaine, unter nächtlichem Blinken des Gegenverkehrs bis Athen, wo wir erschöpft im Hotel *in Falirôn,* einem Vorort, landeten. Ein heißes Bad, dazu eine Flasche Rezina, eisgekühlt, und 14 Stunden Schlaf glichen die Anstrengungen der beschwerlichen Fahrt wieder aus. Wir waren angekommen.

Wir hatten Vorstellungen für die Goethe-Institute in Athen und Thessaloniki zu geben. Ich erinnere mich an die herbe Kritik einer deutschen Dame, die mich *scheußlich deutsch* fand, weil ich meine Marionettengeschöpfe zwinge, absolut das zu tun, was *ich* wolle. Nur Gustaf ließ sie gelten, weil er sich wenigstens in einzelnen Momenten gegen mich durchsetzen könne. Das hinderte uns nicht, nach der Vorstellung mit deutschen und griechischen Freunden in Jonny's Taverne zu ziehen und die Nacht durch bei Rezina und anderen köstlichen griechischen Spezialitäten zu sitzen, zu reden, zu tanzen und zu singen. „Com e prima...!" schmetterte Jonny, als wir bei Morgengrauen sein Lokal verließen, um auf einen der Hügel zu steigen. Wir setzten uns auf Steine und ließen die Sonne hinter der Akropolis für uns aufgehen.

In Thessaloniki trafen wir den Grafen Pósadowsky wieder. Wir hatten zwei Vorstellungen, von ihm sorgfältig vorbereitet und mit griechischen Oma-Sprüchen versehen. „Aku eki – aftô ine apistäftô!" radebrechte sie auf schwäbisch-griechisch ihr „Wer hätt auch dees denkt." Wie man es lesen kann, so schrieb ich es auf – ein phonetischer Spickzettel hilft sicherer als ein gutes Gedächtnis. Wir erlebten unbeschwerte Stunden zusammen beim Tafeln in den kleinen Restaurants und beim Schwimmen im Meer. Eine herzliche Freundschaft verbindet uns seitdem mit ihm, den wir Poseidon nannten, seit wir ihn im und am Meer wie in seinem eigenen Element erlebt hatten. Wir sagten Griechenland ade und fuhren nordwärts, wohl ausgerüstet mit dem Durchreisevisum für Jugoslawien, das wir uns in Athen besorgt hatten. Wir mußten über Niš fahren, um nach Sofia zu kommen. Andere Grenzübergänge gab es nicht, zwischen Griechenland und Bulgarien gingen die Schlagbäume derzeit gar nicht oder nur ausnahmsweise hoch. Darauf soll man sich nicht verlassen.

Wenn man eine Grenze hinter sich hat, ist das Nächstliegende und Wichtige der Blick in den für dieses Land eingerichteten Geldbeutel. Man muß lernen, mit Schilling, Dinaren, Drachmen oder Leva umzugehen. Man zahlt dabei viel Lehrgeld und beherrscht es nie völlig.

Überrascht stellt man fest, daß es doch eigentlich nur Papier und an sich gar nichts Wertvolles ist. Das läßt einen leichtsinnig damit umgehen, man handelt wie mit Spielgeld. Keine Vorstellung vom Gegenwert verbindet sich mit den unbekannten Münzen und Scheinen. Da hilft auch die Umrechnungstabelle wenig, die das Wechselbüro ausgibt oder die man sich selber macht. Immer wieder passiert es, daß der Überblick verloren geht, zu viel fremdes Geld übrig bleibt oder mehr ausgegeben wird, als beabsichtigt war. Man darf aus manchen Ländern kein Geld herausnehmen und man kann nichts zurücktauschen. Was tut man damit, wenn man kein Münzensammler ist? Gegen solche Unbill hilft nur ein genauer Plan und dessen konsequente Durchführung. Aber Erlebnisse und Ereignisse kann man weder planen, noch durchführen, und reisen heißt beides akzeptieren.

Wieder in Jugoslawien angelangt, warf ich einen kurzen Blick in das Portemonnaie mit den Dinaren, sah Tausende und war beruhigt, ohne nachzurechnen. In Niš mußten wir zur bulgarischen Grenze von der Hauptstraße abbiegen. Es galt, vorher genügend Benzin zu tanken. Es war Sonntag, aber auch an einem Werktag wäre schwerlich eine weitere Tankstelle zwischen Niš und Sofia zu finden gewesen. Also ließen wir uns den Tank füllen. Ich schaute auf die rasch wechselnden Zahlen der Tanksäule. Plötzlich gab es mir einen Ruck, ich riß meine Jugomoneten heraus und begann zu zählen. Das gute Petrol war im Tank, aber ich hatte mich völlig verrechnet. Mein Geld reichte nicht. Vorsichtig bot ich ein Tauschgeschäft an, vielleicht ein oder zwei Paar Damenstrümpfe – ,,is gefällig?" Aber der Mann flüsterte mir zu: ,,Es hat keinen Zweck, da drüben hat schon einer gemerkt, was hier los ist, und leider muß ich..." und er holte mit einem Schlauch so viel Benzin aus Herrn *Ypsilons* Eingeweide, daß die Rechnung beglichen werden konnte.

Es war immer noch Sonntag, keine Bank, keine Wechselstube und kein Hotel, niemand konnte helfen. Bis zur Grenze, bis nach Sofia war es noch weit. Jetzt fingen wir an, genau zu rechnen. Wieviel Benzin hatten wir, wieviel würden wir brauchen? Bei vorsichtigster Fahrweise? Das Ergebnis unserer aufgeregten Recherchen ermutigte uns, es zu versuchen.

So fuhren wir los. Der Treibstoff mußte ausreichen. Mit einem Minimum an Beschleunigung setzen wir uns auf der sandigen, steinigen Landstraße sachte in Bewegung, Richtung Osten, zur nächsten Grenze, der jugoslawisch/bulgarischen. Bergab ließen wir unseren hochherrschaftlichen Diener ohne Motor laufen und auf der Ebene ausrollen, bis er im 3. Gang gerade noch ansprang. Die Gegend wurde einsamer, ja gottverlassen, kein Auto begegnete uns. Es gab an der Straße kein Dorf und kein Haus mehr. Eine mit sechs Mann vollbesetzte Limousine amerikanischen Ursprungs überholte uns. Nach einer halben Stunde war sie wieder hinter uns. Bald darauf entdeckten wir den Wagen ohne Licht in einem Seitenweg. Es war inzwischen dunkel geworden. Nach einiger Zeit überholte der Wagen wieder. Wir schauten uns schweigend an. Uns war mulmig. Ich hielt an und suchte nach der Luftpumpe für alle Fälle und zur Beruhigung der Nerven. Angespannt starrten wir in die Nacht hinein, die von unseren Scheinwerfern aufgehellt wurde. Weit und breit drang kein Fünkchen durch die Dunkelheit außer den Sternen. Hunde bellten und heulten in der Ferne. Unsere unheimliche Begleitung überholte ein drittes Mal. Die Strecke dehnte sich in die Nacht hinaus, wir hatten keine Ahnung, wo wir waren und wie weit wir noch bis zur Grenze zu fahren hatten, ob das Benzin reichen würde und was dieses seltsame Überholen bedeuten sollte.

Da tauchte um Mitternacht die Grenzstation aus der Finsternis auf. Wir atmeten hörbar auf, ließen alle Bedrängnisse und Limousinen hinter uns und waren plötzlich wieder obenauf. Wir zeigten Pässe und Visa im Schummerlicht einer kümmerlichen Glühbirne und bekamen den notwendigen Stempel. Die Grenzstation war so einfach, so überschaubar und so sympathisch. Die zwei jugoslawischen Grenzer schauten uns noch verblüfft nach, als wir Gas gaben und ohne weiteren Aufenthalt das Niemandsland bis zur bulgarischen Grenze überwanden. Auf der anderen Seite sah es ähnlich aus, ein paar verlorene Baracken in einer Gegend, wo sich Fuchs und Has' gute Nacht sagen. Mit ungläubigen Blicken empfingen uns die Bulgaren. Wir hatten es geschafft und waren deshalb so übermütig, daß wir breit auf dem schwarzen Wachstuchsofa im Empfangsraum hockten und den Dingen aufgeräumt entgegensahen, die an dieser Grenze auf uns zukommen würden. Das Auftauchen einer kleinen wohlbeleibten Madame von Balkan-Tourist erleichterte die beginnenden Verhandlungen, denn die Dame sprach gut Deutsch. Meine erste Frage war: ,,Haben Sie Benzin?" Das ,,ja" beruhigte mich vollends. Man fragte und beantwortete das woher und wozu, man füllte gemeinsam Formulare aus, zeigte Briefe her, wies Einladungen und Visa vor und war ausgesucht höflich miteinander. Es lief alles wie am Schnürchen, alles war in bester Ordnung und Einigkeit. ,,Und was haben sie für eine Autoversicherung?" Die grüne Karte hatte ich natürlich bei mir, dazu vom ADAC – Vorsicht ist die Mutter der Porzellankiste – eine offizielle Liste mit den vertraglich gebundenen und verbundenen Automobilclubs der verschiedenen Länder. In allen diesen Ländern sollte unsere zu Hause abgeschlossene Versicherung Geltung haben. Bulgarien stand auf der Liste. Aber Madame wog bedächtig ihr Haupt hin und her, prüfte das Papier von allen Seiten wiederholt und kam zu dem Schluß, ich müsse leider für Bulgarien eine extra Versicherung haben. Ganz sachlich aber bestimmt, weigerte ich mich und versuchte ihr zu erklären, daß ich zu Hause so viel für Versicherungen bezahlen müsse, daß ich nicht daran dächte, hier extra zu berappen. Ina riß entsetzt die Augen auf, knuffte mich heimlich und stöhnte mir zu, ich sei verrückt. Das gesamte Personal lief zusammen und beriet mit hochroten Köpfen, über die Bestimmungen gebeugt, was geschehen sollte. Nach langem Disput mit heftiger Rede und Gegenrede trat Madame Balkan-Tourist aus dem Knäuel auf uns zu und sagte mit einem kleinen Lächeln: ,,Fahren sie ohne Versicherung – ist in Bulgarien kein Beinbruch! –"
Die zusätzliche Versicherung hätte 17,50 Mark gekostet. Ich erstand für die gleiche Summe Slibowitz, den es am Kiosk von Madame Balkan-Tourist zu kaufen gab. Ich stellte die Flasche auf den Tisch im Empfangsraum und sagte dazu: ,,Dies ist für alle, die nach Dienst zufällig in diesen Raum kommen!" Für den Durst des Herrn Ypsilon konnte

ich noch die ausschlaggebenden 20 l Benzin beziehen, gegen ein Uhr früh verließen wir die Grenzstation mit den angenehmsten Gefühlen und suchten den Weg nach Sofia. Alle Beschriftungen waren jetzt kyrillisch. Nach einigem Buchstabieren wußten wir, wie „Sofia" auf Kyrillisch aussah. Überdies fragten wir an einer Kreuzung einen späten Wanderer, ob wir in der richtigen Richtung fuhren. Er schüttelte den Kopf: „Da, da!" Wir staunten, denn nach der Karte... wir fragten nochmals eindringlich „Sofia" und deuteten ostwärts, zeigten die Karte – und der Bulgare schüttelte wieder energisch den Kopf, sein „da, da" klang bestimmt. Trotzdem entschlossen wir uns, der Karte zu folgen. In den nächsten Stunden schon stellten wir fest, daß Kopfschütteln und „da" in Bulgarien „ja" heißt. In Griechenland hatten wir uns an das sanfte, fast lyrische „oichi" für „nein" gewöhnt. Es ist mit einem Heben der Augenbrauen und des ganzen Kopfes verbunden und steht für uns im umgekehrten Verhältnis zum griechichen „ja", das mit einer diagonalen Kopfbewegung kurz und trocken „ne" heißt. In Bulgarien fielen wir immer wieder auf die scheinbar völlig widersprüchliche Bewegung des „ja" und „nein" herein. Wie stark wird Sprache auch durch begleitende Gestik verstanden!

Nachts um ½ 3 Uhr versuchten wir uns im menschenleeren Sofia nach *Zar Assen 33* durchzufinden. Wir hatten uns für 10 Uhr abends angemeldet. Ein hilfsbereiter Nachtwandler quetschte sich zu uns ins Auto und brachte uns mit Handzeichen sicher ans Ziel. Wir klingelten zuerst zaghaft. Da kamen uns die Treppe herunter schon die bulgarischen Puppenspieler mit Hallo entgegen. Das Empfangskomitee war eben im Begriff auseinanderzugehen. Alle freuten sich, daß wir schließlich angekommen waren. Ein guter Puppenspieler kommt zwar immer an, trotzdem ist er jedesmal glücklich darüber.

Am nächsten Morgen meldeten wir uns bei der „Schutzmacht", der diplomatischen Interessenvertretung, denn die Bundesrepublik hatte noch keinerlei diplomatische Beziehungen mit Bulgarien. Die französische Botschafterin empfing uns persönlich und charmant. Wir luden sie und den ganzen Stab zu unserer ersten Vorstellung am Abend ein. Bis dahin hatten wir noch eine Menge zu tun. Die Anmeldung bei der Polizei war rasch erledigt. Aber was sollte die Oma abends zum Publikum sagen? Ich hatte ein paar Notizen mitgebracht. Für die Übersetzung war einer der renommierten Schauspieler des Landes bestellt worden. Der streckte zur verabredeten Zeit seinen Kopf durch die Tür, warf uns Wartenden ein paar Worte hin und verschwand. Er hatte keine Zeit, seine Frau kriegte ein Kind. Also konnten oder mußten sich die Puppenspieler selber ans Werk machen. Einige von ihnen sprachen Deutsch, da gab es keine Probleme – aber mit der Oma! Wenn ich meinte, daß mit meiner Erinnerung an das angelernte Russisch Staat zu machen wäre, hatte ich mich geirrt. Ich mußte zur Kenntnis nehmen, daß Bulgarisch völlig anders sei

und mußte Wort für Wort üben, bis die Aussprache meinen Lehrmeistern einigermaßen verständlich schien, wenn auch beileibe nicht korrekt. Unsere Freunde waren unermüdlich, der Oma Sätze, Redensarten und einzelne Worte beizubringen, sie immer wieder aus mir herauszulocken und dann zu verbessern. Je weniger Fremde in einem Lande auftauchen, desto weniger können die Einwohner ihre eigene Sprache auch in einer akzentbeladenen Form annehmen.
Der Abend kam, das Lampenfieber wuchs. Wir hatten eine Dolmetscherin für die Vorrede auf der Bühne. Ich hatte meine Omaplauderei phonetisch aufgeschrieben und eingeübt. Wir hatten Slibowitz gegen die Aufregung, die sich uns aus der ganzen Situation mitteilte. Wir waren wahrscheinlich die ersten Westdeutschen, die in Sofia nach dem Krieg öffentlich auftraten. Der östliche Vorhang war noch eisern. So herrschte im vollbesetzten Haus eine knisternde Spannung. Wir betrachteten unser Publikum durch Ritzen im Vorhang und hatten den Eindruck, daß der Saal voller Funktionäre sei. Ihre Gesichter schienen keineswegs fröhlich, auch nicht erwartungsvoll, sondern von examinierendem Ernst gekennzeichnet. Aber voran in der ersten Reihe saß inmitten ihres gesamten Stabes heiter plaudernd die französische Botschafterin! Es war eine großartige Geste, daß sie gekommen war, und wir fühlten uns bedeutend wohler. (Übrigens wurde uns eine solche Ehre seitens unserer eigenen Botschaften kaum jemals zuteil.) Die erste Vorstellung lief recht und schlecht über die Bühne. Im allgemeinen höflicher, von den französischen Gästen langer und heftiger Beifall ließ uns hoffen, daß die sieben weiteren Vorstellungen einen besseren Kontakt mit dem Publikum bringen könnten. Und so war es auch! Es ist ein Hochgefühl, wenn man während der Vorstellung in einem fremden Land, dessen Sprache man nicht spricht, feststellt, wie das Verständnis beim Publikum von Szene zu Szene wächst und zum Einverständnis wird, wie sich die Zuschauer immer stärker und intensiver der Bühne und dem Spiel zuwenden und schließlich ganz in ihm aufgehen. Am Schluß warten sie auf jedes Wort von der Oma und helfen, indem sie raten. Nach dem zweiten Abend trat eine Frau aus dem Publikum vor die Bühne und rief laut in Deutsch: „Das war das erste kulturelle Ereignis in Sofia nach dem Krieg!" Wir verschwanden so schnell wir konnten. Wir hatten schon begriffen, daß man sich in einer solchen Situation am besten aus ihr entfernt.
Schnell reagieren war nötig, denn obwohl sich unsere Gastgeber in einer so vorzüglichen Weise um uns bemühten, wie wir es noch nicht erlebt hatten, und wir unter der Glasglocke dieser einzigartigen Gastfreundschaft Bulgarien drei Wochen lang erleben konnten, gab es schwierige Momente, in denen wir verstehen mußten, den Tatsachen Rechnung zu tragen. An einem Sonntag weckte mich Ina von Vacano per Telefon mitten in der

Nacht, das heißt um 5.30 Uhr morgens: „Die sind an unserem Auto!" Wir wohnten in einem der ersten Hotels an der gekachelten und immer sauber gewaschenen Hauptstraße der Stadt, an der Alexander-Nevsky. Die Straße war breit, man parkte seinen Wagen quer zur Fahrtrichtung an einer Seite. Abends stand alles voll. An diesem Morgen war alles leer. Nur unser Auto, der gute Ypsilon, stand einsam und quer in der Gegend. Um ihn herum bemühte sich ein Dutzend Männer – sie probierten, durch die Fenster zu kommen, mit Drähten das Schloß aufzumachen, andere prüften das Gewicht des Wagens, sie dachten offensichtlich ans Wegtragen. Einer versuchte sogar, die Scheibe einzuschlagen. Ich riß das Fenster auf und versuchte, mich bemerkbar zu machen. Aber mein Rufen und Brüllen drang aus dem dritten Stock nicht bis zu ihnen, sie waren zu beschäftigt. Erst als ich durch die Finger pfiff, wurden sie aufmerksam. Ich gestikulierte, zog mich so schnell wie möglich an und raste die Treppen hinunter. Es war eine peinliche Situation. Die Herren waren gereizt, ich auch. Niemand hatte mir gesagt, daß an diesem Sonntag ein großer Aufmarsch stattfinden sollte, der selbstverständlich durch die Hauptstraße führte. Es war Staatsjugendtag. Ich fuhr unseren Karren von der Hauptstraße herunter in eine Seitenstraße, versicherte mich, daß alles in Ordnung und abgeschlossen war. Eine halbe Stunde später schaute ich mir vom Hotelzimmerfenster aus die Mägdlein und Knäblein an, die singend mit ihren Fahnen vorbeimarschierten. Erinnerung, Erinnerung...

Abends nach unserem Spiel saßen wir mit den bulgarischen Freunden zusammen, jedesmal in einem anderen Lokal. Es wurde geredet, gegessen, getrunken und gesungen. Oh diese Lieder! Dieses Tönen der klaren vollen Stimmen. Die slawische Seele breitete die Arme aus, und wir ließen uns gerne von ihr umfangen. Die Sehnsucht nach diesem Gesang bleibt, und ich weiß, wenn ich ihn wieder höre und wieder inmitten der Freunde sitze, werde ich wieder zu Tränen gerührt sein. Das hat nichts mit Sentimentalität zu tun, wohl aber mit der Kraft echten Gefühls. Diese Intensität begegnete uns ähnlich in den Vorstellungen des Puppentheaters in Sofia, das in der Vielfalt seiner Inszenierungen eine besondere Mischung aus Naivität und Intellekt in der Bearbeitung bulgarischer Geschichten und Verarbeitung von folkloristischen Gestaltungstraditionen gefunden hatte.

Die Ausflüge in die Umgebung waren reizvoll. Nach umständlichen Formalitäten, wie abmelden bei der Polizei, besuchten wir alte bulgarische Kirchen in Samokov, die in der Türkenzeit halb unter den Boden gebaut werden mußten, so daß die Fenster nicht mehr herausschauten. Wir kauften auf Märkten Wein und Käse, und ließen uns auch den köstlichen jungen grünen Knoblauch schmecken, was mir den Spitznamen Bai Ganju eintrug, ein Name aus einem Theaterstück, das vom unverbesserlichen bulgarischen Herrn Müller handelt, der an alten Sitten und Gebräuchen rückständig festhält. Knoblauch essen war zu der Zeit nicht die erwünschte Lebensart in Bulgarien. Wir konnten es fast verstehen, als wir unser Hotelzimmer nach Tagen ohne Knoblauch wieder betraten und uns selbst rochen. Es war gut, daß die Joghurts aus Schafsmilch und die Schafspelzmütze keine so penetranten Eigenschaften hatten, denn diese beiden Dinge wurden mir dort ebenso zum Genuß und zur geschätzten Gewohnheit. Neu für uns und ein Genuß wie auch ein Bestandteil unserer eigenen Küche zu Hause, der seitdem nie fehlen durfte, war die Schubritza, das „bunte Salz", die Zuspeise zum Brot für arme Leute in Bulgarien. Man kann sie fertig kaufen. Aber ursprünglich mischt sich jeder seine Schubritza selbst aus Salz und mehreren feingestoßenen Kräutern. Eine besondere Sorte Bohnenkraut darf nicht fehlen. Das gibt den Geschmack und den Namen. In einem Napf steht das Gewürzsalz in der Mitte des Tisches, und jeder taucht sein Stück Brot hinein. Schubritza ist wie ein bulgarisches Lied, voll und vielfältig, einfach, friedlich und vital. Von Zeit zu Zeit erreicht uns ein Päckchen aus Bulgarien, weil die Freunde dort wissen, daß wir das bunte Salz lieben und Bulgarien, und daß wir wenigstens das Salz nicht missen möchten, wenn schon die Zeitknappheit es uns nicht erlaubt, regelmäßig nach Bulgarien und zu den Freunden zu fahren.

Der Abschied fiel schwer, wir hatten uns mit vielen und vielem befreundet in diesen drei Wochen. Man kommt sich fast unanständig vor, wenn man die Gastfreundschaft in Bulgarien genossen hatte, und man muß erst lernen, Gast zu sein. „Ihr seid unsere Gäste, und müßt Euch so fühlen!" Wir hörten diesen Satz einige Male und nahmen ihn uns zu Herzen. Hier möchte ich einflechten, was als Reiseerlebnis in vielen Ländern Europas bis hin zur Türkei für mich bedeutsam wurde. Ich verdanke diesen Reisen mit dem Auto in den Südosten ungemein viel. Sie boten mir eine Ergänzung, sie zeigten mir eine völlig neue Seite des Lebens, des Denkens und Fühlens, des Miteinander der Menschen, eine Lebensart der Toleranz und des Laissez-faire. Dies alles ist in dem Begriff der Gastfreundschaft enthalten. Ich hatte vorher keine Ahnung gehabt, was das Wort bedeuten kann, was es heißt, Gast zu sein oder Gäste zu haben. Diese Erweiterung meines Lebensgefühls genieße ich seitdem; beglückend ist das richtige Wort für das, was Gastfreundschaft ist, für den Gast und für den Gastgeber. Es ist wahrhaft ein Stück Kultur, eine Basis menschlicher Kommunikation, unvergleichlich in Geben und Nehmen, eine Kunst des Lebens, ohne die es ärmer wäre.

Die Reihe von Vorstellungen in Sofia bot uns die seltene Chance, mehr von dem Land und seinen Leuten zu erfahren, in dem wir mit Gustaf und seinem Ensemble gastierten. Wir suchten die Begegnung und das Gespräch, und außer mit den Puppenspielern ergab sich vom Hotelportier bis zum Gastwirt manche interessante Unterhaltung.

Wir hatten viel erlebt und erfahren. Noch lange tauschten wir im Auto auf der Rückfahrt durch Jugoslawien unsere Eindrücke und Erinnerungen an die gerade vergangenen Wochen aus, unsere Köpfe und Herzen waren voll davon. Nach zwei Tagen trafen wir im Puppentheater von Ljubljana neue Freunde, die wir in Bukarest kennengelernt hatten. Zwischen Schule und Kirche hatte sich das Marionettentheater etabliert, das in einem unprätentiös konservativen Stil die bezauberndsten, märchenhaftesten Geschichten für Jung und Alt spielte, die man sich wünschen kann. In minutiöser Regie hatte Jože Pengov das „Sternchen Langschläfer" eingerichtet und später u. a. „Die kleine Hexe" von Otfried Preußler inszeniert. Sprecher und Spieler waren selten dieselben Personen, aber so aufeinander eingestellt, daß sich die Aussagekraft und der Gestaltungswille vieler Menschen auf der relativ kleinen Bühne wie in einem Prisma zu brechen schien und auf die Zuschauer wirken konnte. Wir machten gemeinsam Pläne für die Zukunft, es entwickelten sich in der Folge lebhafte Beziehungen. Jede Reise in den Südosten führte uns durch Ljubljana.

Zwei von vielen Vorstellungen, die wir dort gaben, sind besonders denkwürdig und erzählenswert. Es waren die beiden öffentlichen Veranstaltungen am 8. Mai 1960 im dortigen Theater, an einem Sonntag, am 15. Jahrestag der Befreiung der Stadt von der deutschen Belagerung im II. Weltkrieg. Geschützfeuer riß uns um fünf Uhr morgens aus dem Hotelschlaf. Auf dringende Nachfragen sagte man zögernd, was hier gespielt wurde. Wir waren entsetzt, und wollten nicht auftreten. Trotzdem waren beide Vorstellungen eine Manifestation dessen, was Theater im Bereich menschlicher Beziehungen vermag. Der eigentliche Erfolg lag in der Bemühung des jugoslawischen Publikums uns zu zeigen, daß die Vergangenheit überwunden werden soll; denn wir hatten selbst sehr wohl empfunden, daß unser Auftreten in der schönen Stadt Ljubljana (Laibach) an diesem Tag – übrigens ohne unser oder gar des Goethe-Instituts Zutun – nicht unbedingt richtig datiert war. Alle unsere Befürchtungen, alle Nervosität, vergeblich mit Slibowitz bekämpft, wurden durch die Ovationen der Zuschauer und durch eine Fülle von Rosen besiegt, die lange nach Schluß der Vorstellung, begleitet von Reden und Beglückwünschungen, in zwei Waschkörben von der Bühne in die Hotelzimmer geschafft wurden.

In Ljubljana passierte auch die folgende amüsante Geschichte. Das einheimische Fernsehen hatte Gustaf und sein Ensemble engagiert. Ein Sketch, der in einem Musikladen spielte, sollte unsere Marionettenszenen einleiten. Ich hatte laut Drehbuch ein Musikinstrument zu kaufen und zu bezahlen, um mich daran anschließend mit den Marionetten zu beschäftigen. Die Verständigung mit Regisseur und Aufnahmeteam schien vorzüglich zu klappen, obwohl wir kaum slowenisch und die Fernsehleute nicht viel deutsch sprachen.

Bei der Probe bezahlte ich pantomimisch. In der Pause danach – wir waren erst eine Stunde zuvor angekommen und übermüdet – wurden mir in der Garderobe einige englische Hundertpfundnoten in die Hand gedrückt. Wir waren entgeistert und ziemlich schockiert, denn wir wußten nicht, was wir von diesem Honorar in fremder Währung halten sollten. Wir hatten keine Ahnung vom Umrechnungskurs, keiner von uns hatte je eine englische Pfundnote in der Hand gehabt. Aber wir hatten nicht viel Zeit zum Überlegen, denn wir mußten wieder ins Studio. Unser Auftritt wurde life gesendet, ich bezahlte wieder, ohne meinem Spielpartner wirklich Geld auszuhändigen. Anschließend stürmten wir zu unseren Puppenspielern und beschwerten uns über die seltsame Gage in englischer Währung. Der Direktor des Puppentheaters stürzte darauf sofort ins Televisionsgebäude – und kam lachend zurück: mein Honorar war kein Honorar, sondern Spielgeld, das ich auf die Hand bekommen hatte, um in der Sendung „richtig" bezahlen zu können. Durch solche Mißverständnisse wurde unser Verhältnis zu den Leuten in keiner Weise beeinträchtigt, im Gegenteil. Gustaf wurde mit seinem Klavierspiel im Sendebereich von Ljubljana bekannt als optische Erkennungsmelodie für eine Unterhaltungssendung, die regelmäßig über Jahre hinweg gesendet wurde. Das Puppentheater von Ljubljana war seinerseits mehrere Male auf Gastspielreise in der Bundesrepublik, und von der „Kleinen Hexe" von Otfried Preußler machte ich 1968 im Auftrag des SDR im Theater in Ljubljana eine Aufzeichnung.

Nach sechs Wochen kamen wir nach Hause. Bei Salzburg näherten wir uns den heimischen Gefilden und stellten fest, daß auch dort zunächst einmal der Schlagbaum war, mit dem Vorzeigen der Personalausweise und der Frage: „Haben Sie etwas zu verzollen – Handelsware – Spirituosen – Tabakwaren...". Nein, wir hatten nur Gustaf und sein Ensemble und Erinnerungen, Souvenirs von einer Reise über sieben Grenzen.

11. Kapitel

Grenzgeschichten – *oder*
Wenn man an eine Grenze kommt…

Schon der Sprachgebrauch erzählt, wie absolut dieses Ereignis ist, und damit diejenigen, die diesen Zapfmechanismus verwalten. Die sind absolutistisch! Es gibt 1001 Tricks, es ist geradezu märchenhaft, wie Menschen Menschen kurz und klein machen können. Das fängt bei der guten oder bösen Miene zu diesem Spiel an. Recht und Rechte sind dort wiederum absolut, nämlich auf einer Seite, wie die Pflichten und Unrechte auf der anderen. Natürlich gibt es Ausnahmen, die aber nur die Regel bestätigen. So wären wir grenzenlos glücklich, wenn wir die Grenzen los wären. Man nimmt zwar manches in Kauf, wenn man mit dem Schiff 14 Tage unterwegs war oder mit dem Flugzeug im tiefdunklen Blau des Himmels von einem Kontinent zum anderen gejettet worden ist. Aber was ist das für ein Anachronismus in Europa! Man hat eine Grenze glücklich überschritten und fährt zwei Stunden mit dem Auto, und steht schon am nächsten Schlagbaum: „Guten Tag, bonjour, dobr dan, bitte Ihre Papiere – was führen Sie mit sich?" Regelmäßig bei dieser Frage beginnt man mit einer Mischung aus Furcht – kenne ich alle einschlägigen Bestimmungen? – und schlechtem Gewissen – vielleicht findet der *beide* Tuben mit Zahncreme? Wut – was soll das blöde Theater schon wieder? – eine lächelnd-gleichmütige Fassade zu zeigen und je nach Gegenüber und Intuition die richtige Antwort aus dem Repertoire zu fischen: „Nein", „Ich glaube nicht", „Wir sind Puppenspieler", „Wollen Sie unser Gepäck sehen?" Wenn es geboten erscheint, wirft man seine mühsamen Sätze in der Sprache des Landes an die Front und ins Gespräch, frägt beiläufig nach Geschwindigkeitsbegrenzung oder Benzinpreis oder Hotel, um abzulenken, ohne daß es auffällt. Manchmal ist es richtig, zu wissen, was Puppenspieler in der fremden Sprache heißt, manchmal versucht man besser, den Beruf durch Pantomime deutlich zu machen, oder aber mit einer Puppe die Grenze zu meistern, die man sich von vornherein dafür parat legt. Wir hatten nach einschlägigen Erfahrungen für diesen Zweck einen Handpuppenhund bei uns, der so im Auto drapiert war, daß man auf den ersten Blick nicht sehen konnte, ob der Hund echt war oder nicht. Mit ihm gaben wir unsere Hundskomödie, wo immer es nötig wurde: Vor allem also dann, wenn man ein beamtetes Auge in unsere Koffer werfen wollte. Das hatte und habe ich gar nicht gerne, denn es bleibt selten beim Auge. Ihm folgt eine noch unwissendere, aber um so neugierigere Hand und fängt im sorgfältig organisierten Koffer an, herumzukramen, zu ziehen und zu zerren. Je unverständlicher alles wird, desto dubioser

*Der Polizist:
„Obrigkeits-
halber wird
bekannt-
gegeben..."*

auch! Kann man in diesem Fall mit den Herren reden und vorschlagen, daß man selber auspacken und zeigen möchte, ist es gut. Ist der Mann in Uniform aber gewöhnt, nix zu verstehen, nichts zu können und nicht zu wollen, wird es unangenehm. Der Leiter eines Goethe-Instituts schlug in einem solchen Fall den wühlenden Beamten den Metallkofferdeckel im Affekt auf die Finger und schrie ihn an, was diesen so verblüffte, daß er diese Insubordination und seinen eigenen Schmerz übersah und Goethe, Gustaf und sein Ensemble passieren ließ.

Da war unser Hund wesentlich humaner und unverfänglicher. Wenn ich ihn auf dem Arm trug (schon vorher war die Spielhand diskret in den Hund geschlüpft), und ihn am Grenzer schnüffeln ließ, leise fiepend, und nach ihm schnappte, wenn der Beamte das „Tier" streicheln wollte, hatte ich die Lacher immer auf unserer Seite und damit die schlimmste Klippe schon überwunden. Wer schon einmal mit dem anderen gemeinsam gelacht hat, ärgert sich nicht mehr so leicht an ihm. Auf beide Seiten angewendet ergibt das eine gute Grenzsituation.

Die erste einschneidende Erfahrung mit Grenzschwierigkeiten machten wir bei einer Reise ins Saarland in den fünfziger Jahren. Der französische Zoll ließ uns nicht passieren, wir mußten umkehren, um ein Triptik bei einem dazu autorisierten Zollagenten ausstellen zu lassen. Der alte Grenzfuchs grinste angesichts unserer Unerfahrenheit und Empörung, daß das auch noch etwas kosten sollte. Dann erhob sich die Frage, was Gustaf und sein Ensemble Wert sei: „Was müssen Sie für eine Marionette bezahlen?" Sofort ist man als Grenzgänger mitten im Gestrüpp, wie immer man sich bewegt, es geht nicht ohne Kratzer! Denn schon bei Gustaf fängt es an, er ist ja selbstgemacht. Welches ist dann sein Wert? Für wen gilt der Wert, oder welches ist der Handelswert, und ist er auch so versichert? Was er m i r wert ist, kann ohnehin nicht in Zahlen ausgedrückt werden und verkaufen würde ich ihn um keinen Preis. Kaufen kann man eine Marionette wohl, aber wie lange müßte man suchen, um einen zweiten Gustaf zu finden? Außerdem, was wäre Gustaf wert ohne mich? Nach langem Tauziehen gaben wir zähneknirschend nach und erklärten uns mit dem eingesetzten „Handelswert" einverstanden. Und nun, wieviel Marionetten führten wir denn mit uns? Und waren in den Koffern nur Marionetten? Am Ende hatten wir alles ausgepackt und wieder eingepackt, das Triptik war fertig und bezahlt, nur die Grenze war jetzt nicht mehr geöffnet, die Herren, die allein ein Triptik lesen und bearbeiten konnten, hatten inzwischen Feierabend. So übernachteten wir noch diesseits, um am nächsten Tag ins Jenseits, über die Grenze zu dürfen. Das lief dann glatt, niemand wollte noch etwas sehen, obwohl theoretisch der Beamte im Zollamt durchaus das Recht hatte, uns abermals auspacken zu lassen, um zu prüfen, ob denn das Triptik auch stimmten. Aber die Grenznornen ließen es genug sein, die Stempel und Unterschriften genügten.

Stempel und Unterschriften! Man sagt uns Deutschen nach, daß wir darauf besonders positiv reagieren. Wenn das wahr wäre, würden an allen Grenzen Landsleute sitzen, denn der Respekt vor gestempeltem und unterschriebenem Papier ist weltweit – je weniger man lesen kann, desto größer wird mindestens die Achtung. Beobachtungen ließen mich bald feststellen, daß die meisten Befugten ein Papier mit einem Blick überfliegen, ohne es zu lesen, sowie nur drunter dieses verläßliche druckschwarze Zeichen steht, aufgewertet mit einem eindrucksvollen Schnörkel, dessen Bedeutung in Maschinenschrift als Unterschrift unter der Unterschrift steht! „Im Auftrag und in Vertretung der Bühnenleitung, gezeichnet..." Noch schlüssiger als Beweis der Rechtmäßigkeit ist es, wenn der Intendant persönlich unterschreibt, aber andererseits läßt es auf die Bedeutung der Bühne negativ schließen, wenn ein Intendant ein lästiges Zollpapier selbst suskribiert. Im Laufe der Zeit ließ ich mir einfallen, selbst einen Stempel zu entwerfen, der amtlichen Charakter haben sollte. Rund mußte er natürlich sein, denn alle wichtigen Stempel sind so, und groß, scheinbar gut leserlich und doch nicht ohne weiteres im einzelnen zu entziffern. Zuerst ließ ich ihn zeichnen, dann probesetzen. Monatelang wurde verändert und gefeilt, wie es meistens bei mir ging mit Entwürfen und Ideen, auch im grafischen und fotografischen Bereich. Aber als das Werk schließlich beendet war, leistete der Gustaf-Stempel vorzügliche Dienste, und ich weiß nicht, was mehr Vergnügen bereitete und noch bereitet, die Wirkung selbst oder die Beobachtung derselben.

Ein einziges Mal erlebten wir, was als Angsttraum hinter jeder Ankunft mit einem öffentlichen Transportmittel steht, wo wir unsere Koffer nicht unmittelbar bei uns haben. Wir waren für zwei Vorstellungen in die Piccola Scala (Kleines Haus der Scala) nach Mailand engagiert. Da es Winter war, beschloß ich, mit der Bahn zu fahren. Es war kurz vor Weihnachten. Die Züge waren überfüllt, wir gaben unsere Koffer, unsere Augäpfel als Reisegepäck auf. Die Agentur erwartete uns persönlich in Mailand auf dem Bahnhof. Wir waren auch rechtzeitig da – aber unser Gepäck nicht. Da begann ein Fragen und Suchen, ein Telefonieren und Lamentieren, mit hochrotem Kopf rief unsere weltgewandte Organisatorin, die diese Vorstellung in Mailand zustande gebracht hatte, immer wieder ihr „pronto" ins Telefon. Es nützte nichts, obwohl sie fließend italienisch sprach. Wir kannten sie als die Ruhe selbst, wohlerzogen und diszipliniert. Jetzt geriet selbst sie aus dem Häuschen. Vom Gepäck gab es zunächst immer noch keine Spur, wir saßen in der Garderobe der Piccola Scala, Madame Caecilia telefonierte ununterbrochen. Als die Zuschauer das Haus zu füllen begannen, stellte sich heraus, daß unser Gepäck in einem

Waggon auf einem Abstellgleis unter Zollverschluß in Mailand vorhanden und wohl aufbewahrt, aber völlig unzugänglich war, weil das Amt längst geschlossen hatte. „Domani, domani!" – mußte leider auch dem Publikum gesagt werden, das die Karten zum großen Teil zurückgab. Gustaf war irgendwo unter Verschluß, wir vom Ensemble gingen mit unserer Caecilia erschöpft, enttäuscht und wütend in ein vorzügliches Restaurant und trösteten uns bei Lasagne und italienischem Roten. Am nächsten Morgen – zum frühest möglichen Zeitpunkt, standen wir an der Zollrampe, unsere Koffer lagen vollzählig vor uns – fragte der Zollchef, was ich in den Koffern habe, ich solle aufschließen und auspacken. Da brannte bei mir die Sicherung durch, ich wäre dem Mann beinahe an die Gurgel gesprungen. Ina versuchte mich zu beruhigen, ich brüllte auf Deutsch herum, die beiden Beamten traten mit betretenen Gesichtern von der Rampe zurück: „Attentione, e furioso!" „Vorsicht, der hat 'ne Wut!"

Ich hätte am liebsten mit den Koffern um mich geschmissen. Am Abend hatten wir eine „halblebige" Vorstellung, der Schmelz war weg, bei uns wie beim Publikum, die Presse kam nicht ein zweites Mal, die Piccola Scala war für uns erledigt, und leider wir auch für die Piccola Scala. Mit einem Riesen-Panettone, dem Weihnachts-Gugelhupf, kamen wir zum Fest nach Hause, er kostete nicht einmal Zoll. Das war nicht selbstverständlich. Je nach Finanzlage des Vater Staates halten sich an unseren Grenzen die Abgaben oder die Anwendung der Bestimmungen in erträglicheren oder in nicht mehr einzusehenden Grenzen. Das hängt natürlich auch von der politischen Lage bei den Nachbarn ab, von der Währung, von den Preisen, von der Stimmung und vom Wetter. Die Bedeutung geschickt angewandter Psychologie habe ich schon angedeutet. Als wir einmal vom Südosten zurückkamen und allerlei Geschenke im Auto hatten, bis zu den Original Kranjerwürsten, ließen wir diese offen im Auto hängen, für die letzten 24 Stunden vor der Grenze. Die Würste waren ausgiebig mit Knoblauch gewürzt. Den Wagen hatten wir weder außen noch innen gewaschen. Unser eigenes Aussehen brachten wir auch an die Grenze. Es war ein voller Erfolg. Der Zöllner öffnete die Wagentür und näherte sich unseren Schachteln und Netzen. Nach einem Atemzug prallte er zurück, angewidert schlug er die Tür zu und winkte uns, weiterzufahren.

Über all dem habe ich nie vergessen, den kleinen Ärger an der Grenze mit der großen Freude in Beziehung zu setzen, über die Grenzen fahren zu dürfen und zu können. Ich habe die Jahre vor dem Krieg nicht vergessen, wo die Grenzen eng gezogen waren, und die Jahre nach dem Krieg, wo es unter anderen Vorzeichen wieder so war. Ich will nie vergessen, welches Glücksgefühl uns erfaßte, als wir zum ersten Mal mit dem Auto eine Grenze passiert hatten. Wir konnten es kaum glauben. Es war ein elementares Erlebnis der persönlichen Freiheit, unvergleichlich und wunderbar, unverzichtbar und durch nichts zu ersetzen für den, der es kennt. *Und es ist wunderbar, daß es heute so viele kennen.*

Um so schärfer bleiben Bilder im Gedächtnis, wie wir sie bei unserer ersten Einreise 1965 nach Burma erlebt hatten. Wir füllten mit den vier Farben unserer Kugelschreiber die zehnseitigen Formulare aus, wie man es von uns verlangte, und berieten mit unserem Mann vom Goethe-Institut, das damals dort noch bestand, was wir auf einzelne von den unzähligen Fragen antworten sollten: Hervorstechende persönliche Kennzeichen waren bei mir meine „remarquable nose" = bemerkenswerte Nase und bei Ina „huge, ugly chin" = riesiges häßliches Kinn. Auf der anderen Seite aber vollzog sich ein makabres Schauspiel. Man wies zu der Zeit gerade die Inder aus dem Land. Bei der Ausreise nahm ihnen der „Zoll" alles nicht unbedingt Lebensnotwendige ab, Hausrat und Kleider häuften sich zwischen den Uniformierten, deren Rufe man nicht verstehen mußte, um zu sehen, was hier vor sich ging. Die Macht hat im großen wie im kleinen eine gefährliche Tendenz zur Unmenschlichkeit. Und Macht allein macht Grenzen. Sie können fast unerträglich sein, wenn sie, mit Stacheldraht bewehrt, wie ein himmelhoher Maschendrahtkäfig wirken, und sie können sein wie bei Bregenz, wo man nach St. Gallen via Schweiz und via Österreich kommt. Als ich den österreichischen Zöllner fragte, wie ich fahren solle, sagte er ohne Zögern: „Fahrn's durch Österreich, ist doch viel schöner!" Da verwischen sich Grenzen.

12. Kapitel

Tagesläufe

Von der Reise glücklich zurückgekommen, schaut man sich verwundert um, weil sich zu Hause nichts verändert hat. Man ist nicht sofort wieder ganz zu Hause. Je weiter und je länger die Reise war, desto mehr Zeit brauchen die eigenen Geister, um sich wieder zu sammeln, sich auf die Arbeit zu Hause umzustellen und zu konzentrieren.
Eigentlich müßte ich mehrere Tagesläufe beschreiben, um einen Eindruck vom Alltag des Puppenspielers zu geben, denn es gibt den Spieltag, den Reisespieltag und den Arbeits-, Büro- und Werkstatt-Tag und oft geht eine Kategorie in die andere über. Einförmigkeit und Langeweile ist unbekannt, unter 12 Stunden geht es kaum ab, wie heute in jedem freien Beruf. Die Tage fangen verschieden früh oder spät an. Rechnet man den Tag ab null Uhr, findet uns der Spieltag meistens noch beim Einpacken oder Nach-Hause-Fahren, seltener in einer Gesprächsrunde mit Gastgebern oder Interessierten aus dem Publikum. Eine Schlafpause von acht Stunden wird nach Möglichkeit eingehalten, sonst später nachgeholt. Ich kann 24 Stunden schlafen, mit kurzen Essenspausen. Schlaf ist ein Allheilmittel für mich, man gewöhnt sich die Fähigkeit auf Reisen an, drei Minuten Tiefschlaf zu halten, an einem Tisch, in einer Garderobe.

Dienstag, x. Oktober 19xx. Um 01.00 Uhr fertig mit Einpacken in XY, Heimfahrt (bis 200 km im Umkreis, in zwei Stunden zu schaffen), nachts fahren bedeutet Zeitsparen und weniger Risiko, schlafen kann ich nach der Vorstellung ohnehin nicht sofort. Das eigene Bett ist Goldes wert, je älter der Rücken und seine Fortsetzung werden, desto genauer fühlen sie den Unterschied zum Hotelbett, desto mehr lieben und schätzen sie das Erstere.

Um 2.30 Uhr zu Hause. Gewitterregen verzögerte die Heimfahrt. Jetzt setzt die Müdigkeit schlagartig ein, ich falle ins Bett.

09.45 Uhr im Büro, das Ingrid Höfer weitgehend allein besorgt. Blick in die Zeitung. Das Telefonieren beginnt: „Ob es noch Karten gibt für unsere öffentliche Vorstellung am Sonnabend im Institut für Kulturaustausch?" „Ja, aber nur wenige!" Meistens sind wir dort ausverkauft und haben Mühe, die Karten abzuzweigen, die wir Interessenten, Freunden und Gönnern zur Verfügung stellen wollen.

10.00 Uhr. Hin und wieder bekommen wir seit einiger Zeit Hilfe für viele Arbeiten, die durch den Verein der Freunde des Puppenspiels in unserem Büro anfallen. In Stuttgart haben sich 8 von den 12 Puppentheatern zusammengetan zu regelmäßigen Vorstellungen innerhalb eines Spielplans, zu Lehrgängen und zu gemeinsamer Politik, die ein großes, „richtiges" eigenes Puppentheater in Stuttgart durchsetzen will. Dazu wurde auch dieser Verein gegründet – über 500 Mitglieder hat er schon und wir werben ständig: wie wär's mit Ihnen, lieber Leser?

10.30 Uhr. Die Post kommt: Spielanfrage aus Norddeutschland, Bestätigung einer Veranstaltung in Berlin, Australien will workshops. Drei Handwerkerrechnungen – in der neuen Situation in der Urbanstraße gibt's noch viel zu richten und auszubauen.

11.00 Uhr. Überweisungen müssen zur Bank, auf dem Weg Druckunterlagen bei der Graphischen Kunstanstalt abholen für den neuen Prospekt, 11.30 Uhr Anruf nach USA, weil wir noch immer keine schriftliche Zusage von Bruce Schwarz für unser Festival im Herbst in Stuttgart haben. Der Antrag an das Finanzamt wegen Freistellung der ausländischen Bühnen von der Steuer muß raus. Ist der Telefonautomat aufgesprochen, der automatisch Auskunft über die Aktivitäten der Stuttgarter Puppenspieler gibt? Die Paketpost hat Vorhangmuster gebracht für den Lehrgangsraum des Vereins im Gustav-Siegle-Haus. Telefonische Zusage Brunner (Frankfurt) zu den Zweiten Südwestdeutschen Puppenspieltagen im August, weitergeben an Wöllers, die diese Reihe organisieren.

13.00 Uhr. Hunger! Schnell in eines der nächstliegenden Lokale, denn in einer Stunde ist der nächste Termin.

14.00 Uhr. Besprechung wegen der längst notwendigen Ausbildung zum Puppenspieler bei der Staatlichen Hochschule für Musik und darstellende Kunst in Stuttgart. Unser Verband „Deutsche Puppentheater e. V.", dessen Vorsitzender ich zehn Jahre lang war, wählte eine Ausbildungskommission, Berufsbild und Studienplan liegen bei den Kultusministerien vor.

15.00 Uhr. Goethe-Institut München ruft an wegen Asientournee im Herbst: Indone-

Bild links: „Marco und Margharita", eine alltägliche Geschichte

sien, Südkorea, Japan, China von Oktober bis Januar. Auf unseren Impfpässen muß geprüft werden, welche Impfungen wiederholt werden müssen.

15.45 Uhr. Steinmann („die bühne", Berlin) ruft an, wir verabreden ein Gespräch nach 22.00 Uhr.

16.00 Uhr. Mein Masseur kommt. (Seit vielen Jahren – ohne ihn könnte ich den Spielbetrieb schon lange nicht mehr verkraften!)

17.30 Uhr. Besuch im Büro: Oma-Informanten für die Vorstellung in 14 Tagen in XY.

19.00 Uhr. Umziehen, schnelles Abendessen, ein seltenes Mal kann ich heute eine Vernissage besuchen, weil keine andere Verpflichtung mich daran hindert.

22.30 Uhr. Einstündiges Telefongespräch mit Berlin. Anschließend weitere Telefonkontakte, es ist die Zeit der Kollegen.

01.00 Uhr. Der Tag war zu kurz. Nur die Hälfte konnte erledigt werden. Daran darf ich jetzt nicht denken. Ich muß rasch einschlafen und tief schlafen, sonst bleibt morgen noch mehr Rest.

Vom Tag in der Werkstatt interessiert, wie ich arbeite – als der schöpferische Vorgang beim Bau einer Marionette und einer Szene. Es gibt kein inneres Bild, aber eine Absicht, ein Gefühl, ein Fühldenken, das verschiedenen Anlässen entspringen kann. Es gibt musikalische Anregungen, es kann auch einen technischen Grund haben. In diesem Fall interessiert mich eine bestimmte Bewegungsart, oder eine Führungsmöglichkeit, ein Material oder die Eigenschaft eines Gelenktyps, eine neue Anordnung oder eine ungewöhnliche Gewichtsverteilung. Ein Reiz ist immer dabei. Ich arbeite, bis das Ergebnis dasselbe Gefühl in mir hervorruft, oder annähernd dasselbe, oder das, was ich inzwischen dafür halte. Die Zeit oder die Dauer des Prozesses ziehe ich nicht in Betracht, er kann sich über Jahre erstrecken und Geduld und Ausdauer bis aufs äußerste strapazieren. Ich erreiche durch Wiederholung desselben Themas eine Intensivierung und Verdichtung, die mir bei wechselndem Sujet nicht gelingen würde. Ich versuche, zu intensivieren, und nicht, zu produzieren. Ich bin bestrebt, nur die höchstmögliche Qualität aus der Werkstatt zu entlassen, selbst auf die Gefahr hin, durch diesen Hang zum Perfekten manches nicht herauszubringen. Beim Anblick einer japanischen Bunrakupuppe käme nicht einmal hierzulande jemand auf die Idee, zu fragen, wer diese Figur *gebastelt* habe. Jeder spürt, daß eine jahrhundertelange Entwicklung hinter diesen Formen steht mit einer Aussagekraft, die in feinsten Nuancen ausgespielt werden kann und dem Spiel dadurch andere Dimensionen eröffnet.

Dort liegen meine Absichten, das ist mein Anliegen und mein Ziel. Auch hier, wie im Spiel, im Szenischen, versuche ich, entstehen zu lassen und nicht „zu machen". Erfahrungen mit meinem eigenen Willen haben mich dazu gebracht, ihn so weit als möglich zurückzudrängen und aus dem schöpferischen Vorgang herauszuhalten. Ich habe mit meinem Willen schon viel verdorben. Jetzt arbeite ich in der Regel an mehreren Vorhaben zur gleichen Zeit, um wechseln zu können, sobald der Wille beginnt, stärker zu werden als die Intuition. Manchmal gelingt es. Meistens fehlt es an der Zeit. Ein Werkstatt-Tag ist selten und um so kostbarer. Ein Puppenspieler schafft selten alles, weil er alles selber schaffen muß.

13. Kapitel

Künstler sind schwierige Leute

Den Weg zur Vorstellung haben wir gemeinsam zurückgelegt. Sie sind darüber im Bild, wie weit Gustaf und sein Ensemble manchmal gefahren ist, um eine Vorstellung zu geben. Wenn wir dann auch das Haus, die Festhalle, das Kongreßzentrum oder das Nobelhotel gefunden haben, indem wir wirken sollen, beginnen die wirklichen Probleme, das Theater, das hinter den Kulissen stattfindet. Da geht es um Ansehen und Geltung, um Renommée und Rang, um Kompetenzen und Verantwortlichkeit, um Ablauf und Auftritt, kurz, es menschelt von allen Seiten in angenehmer bis unangenehmster Weise. Unser Leben wird nie eintönig, da es stets Überraschungen aller Art für uns bereit hält. Sensibel, wie ein Künstler sein muß, reagiert er unter Umständen heftig auf Kleinigkeiten, die anderen nichts bedeuten, die sie gar nicht wahrnehmen.
Die Nervosität, die für die Vorstellung unbedingt notwendig ist, beginnt schon bei der Ankunft. Zu welcher Türe fahren wir am besten, wo ist der kürzeste Weg zur Bühne oder dorthin, wo wir spielen? Oder ist tatsächlich jemand da um uns zu helfen? Es fiel und fällt mir immer noch schwer, Hilfe in Anspruch zu nehmen, sogar dann, wenn ich vor lauter Hexenschuß selber kaum aufrecht stehen kann. Das ist angeboren, oder anerzogen oder so geworden („Zwänge der Gesellschaft" sind die zeitgemäße Ausrede für eigene Fehler!). Hat man Gepäck, wie es Puppenspieler haben – Gustaf bringt mit seinem Ensemble 90 kg auf die Waage und an die Arme – weiß man altmodische Theater-, Saal- oder Hotelbauten zu schätzen, die noch einen simplen Bühnenaufgang haben oder einen ähnlich direkten und unkomplizierten Transportweg zu der jeweiligen Stätte unseres Wirkens. Je mehr dem modernen Architekten eingefallen ist, desto weniger konnte er an die denken, die in seinem Gebäude später arbeiten würden. Wir schleppen unser Gepäck durch erstaunliche Baukonstruktionen und -konzeptionen, wir keuchen über Treppen und Gänge, und stöhnen über enge Türen und Aufgänge, Aufzüge und Bestuhlungen, durch deren Reihen mit den Koffern nur durchzukommen ist, wenn man jedes Stück einzeln vor sich her trägt. Das ist „Fitness-Training", und man hat sich warm gearbeitet.
Der Hausmeister oder Empfangschef oder ein entsprechend verantwortlicher Herr hat das alles stirnrunzelnd beobachtet. Vielleicht fragt er dann, mehr der Form halber, ob wir

Bild links: „Das Stuttgarter Hutzelmännlein" aus der TV-Serie des Bayerischen Fernsehens „Reisen in Deutschland" (1969)

noch etwas benötigen. Tatsächlich, wir machen noch mehr Umstände. Wenn man selber schlecht bei Nerv ist, versteht man in solchen Momenten um so besser, wie es zu sogenannten „Starallüren" kommt. Es ist die Rache jahrelang getretener Kreaturen. Wir brauchen ein Podest – ja, oder Tische, oder Bretter, Platten, irgendwas, um eines aufzubauen. Niemand hatte dem Platzfürsten vorher etwas davon gesagt, er kann das jetzt nicht mehr „herzaubern", weil er keine Leute mehr da hat und selber wegen Bandscheibenschaden nichts tragen darf. Über so viel Mißgeschick sind wir dann gerührt und schleppen das Nötige aus Kellern und anderen vergammelten Gelassen selber auf die Bühne. Wir schicken zwar an alle Veranstalter „Gustafs ausgeklügeltes Spezial-ABC" als technisches Merkblatt, mit Zeichnung und eingetragenen Maßen, aber wir jubeln überrascht, wenn das Podest schon steht, der Raum hoch genug und zu verdunkeln ist, wenn wir eine Garderobe oder ein Zimmer zum Umziehen vorfinden und der elektrische Strom die richtige Stärke hat. Leider wird der Auftritt der Komödianten in vielen Fällen nicht entsprechend vorbereitet. Und natürlich sind und bleiben wir Komödianten. Irgendwie sieht man es auch, selbst wenn ich mir Mühe gebe und mich als „Herr" verkleide. Das paßt übrigens wieder schlecht zu der kühnen Aufbauarbeit – Colakisten oder ähnlich Zweckentfremdetes als Unterbau spielen dabei eine wichtige Rolle. Bierdeckel haben wir immer in unserem Koffer zum Ausgleichen und gegen das Rutschen glatter Bauteile. Wir können ja überall spielen, behaupten wir von uns selbst! Nur die Raumhöhe setzt uns Grenzen. Den Kopf kann ich noch etwas senken, um nicht an der Decke anzustoßen, aber in Kniebeuge zu spielen, ist nicht möglich. Gustaf und die Seinen müssen für alle Zuschauer sichtbar sein, also auf 1,50 m Höhe spielen (gemessen vom Boden der Zuschauer). Mit eingezogenem Kopf genügt eine Raumhöhe von 3,20 m, besser ist es ab 3,30 m aufwärts. Die Hitze treibt mir dann zwar auch noch den Schweiß auf die Stirn. Ich muß aufpassen, daß Gustafs Farbe nicht vertropft wird.
Auf den großen Tourneen multiplizieren sich diese Schwierigkeiten durch die Fremde, durch Sprache und Klima. Aber auch im geliebten Vaterland kann passieren, daß uns zum Umziehen der Aufenthaltsraum der Musiker, dann die Küche, die (Herren-)Toilette, oder ein Absatz im Treppenhaus angeboten wird, ehe wir uns dann in dem Raum „umziehen dürfen", wo sich die Bedienungen umgezogen haben. Immer wieder war ich nahe daran abzufahren, ohne aufgetreten zu sein. Ich habe es aber noch nie geschafft. Wie wenige Veranstalter wissen, daß sie durch ein wenig psychologische Klugheit, wenn schon nicht durch Takt oder Menschlichkeit von den Künstlern des Abends eine weit größere Leistung herausholen könnten! Es ist nicht leicht, auf die Vorstellung stundenlang zu warten und trotzdem die Spannung nicht zu verlieren. Selbst wenn wir dann nach der

Vorstellung merken, daß Gastfreundlichkeit und Charme nur Psychologie waren, ist immerhin unser Spiel – das Wichtigste – schon gelaufen. Wenn es gut war, ist alle Unstimmigkeit vergessen, die Schwierigkeiten mit der Kapelle, die ihren Platzanspruch auf der Bühne mit entsprechendem Imponiergehabe vertritt, die verwahrloste Garderobe, die schlechte Behandlung, das Schleppen der Koffer und sogar die Panne, die uns während der Vorstellung passieren kann durch das Reißen eines Fadens, durch Ausfall eines Geräts oder durch das langsame Ausströmen der Luft aus Pünktchens Luftballon. Nach einer gelungenen Vorstellung sind wir König. Und hinzugefügt sei, daß uns die Veranstalter mindestens so oft dazu verhelfen, wie sie es erschweren.

Wir sind verwöhnt, aber nicht undankbar. Wir werden vielmals mit „offenen Armen" empfangen und auch glänzend veranstaltet. Von der Wegskizze über die Transporthilfe bis zum tadellos gereinigten Podest, das in allen Maßen stimmt, trägt alles dazu bei, daß wir unsere Nervosität positiv und ausschließlich auf die Vorstellung wenden können. Selbstverständlich gibt es auch eine Menge vorzüglich geplanter und ausgestatteter moderner Theater mit tadellosen Garderoben und äußerst hilfsbereiten und zuvorkommenden Hausmeistern ohne Bandscheibenschaden! Und wir bekommen wundervolle Blumensträuße, über die sich das ganze Ensemble immer aufs Neue freut. Da sie *nach* der Vorstellung überreicht werden, können sie gar nicht psychologisch sein! Und selbst wenn sie es wären: unsere Nervosität hat ihren Dienst getan, das Adrenalin geht zurück, wir werden wieder normal und zufrieden.

Das mußte hinzugefügt werden, sonst wäre ein falsches Bild entstanden.

14. Kapitel

Das Ensemble

Nachdem so viel die Rede war von den Anfängen und den Reisen, möchte ich in diesem Kapitel die Szenen und die Marionetten beschreiben, wie ich sie selbst sehe. Ich möchte zu Gustaf und seinem Ensemble einiges sagen, nach so vielen Jahren, in denen ich immer ein Programm gezeigt habe oder anders gesagt: immer nur ein einziges Programm zeigen konnte. Die Betrachtungsweise sei jedem unbenommen; ich möchte mir meine auch nicht nehmen lassen. Das Wiederholen ist eine wunderbare Sache, Märchen wurden jahrhundertelang wiederholt und waren jedesmal neu, wenn der Erzähler seine Kunst verstand. Ich habe über Prinzipielles geschrieben und über Spezielles, über Werdegang, Hintergründe und was nicht alles. Jetzt wird es konkret, denn Sie können nachdenken, nachempfinden oder kontrollieren, was ich schreibe. In der Vorstellung begegnen Ihnen alle Szenen oder doch die meisten, die hier geschildert werden. Das ist ungewohnt, denn bis heute habe ich mich geweigert, über mein Programm zu schreiben oder zu reden, ich fand es immer richtiger, das Programm zu spielen. Aber die Zeit weicht manche Grundsätze auf. Ich will Ihnen also erklären, was ich Sie all die Jahre selber entdecken lassen wollte. Die Freude des Erkennens sollte Ihnen, dem pp Publikum in meiner Vorstellung bleiben, ratio und irratio ausbalancierend.

Am Anfang sitzen die Frösche – und schon wieder muß ich Ihnen zumuten, meine Sprünge mitzumachen. Denn ich kehre nochmals zur Vorrede zurück. Jede Szene meines Programms kommt aus einer anderen Ecke, und die Ecken wechseln sogar noch die Ebenen. Ein einziger roter Faden zieht sich durch. Der bin ich, obwohl ich überhaupt nicht rot bin. Alles andere richtet sich in der Vorstellung nach theatralischen Gesetzmäßigkeiten, wie Dramaturgie und timing (es gibt kein deutsches Wort dafür, das nicht einen Nebensatz benötigen würde, um adäquat zu sein).

Obwohl sich alles nach den gleichen Gesetzmäßigkeiten richtet, ist der Ursprung der einzelnen Szenen so verschieden, die Kausalität so mannigfaltig, wie sich das ganze Medium Puppentheater beim näheren Zusehen eben erweist. *Das Froschkonzert* steht als erste Szene auf dem Programm. Der Frosch ist die kleinste Puppe. Niemand nimmt daran Anstoß, weil es der Anfang ist: eine nahezu unverzichtbare optische und psychologische

Bild links: „Der moderne Troubadour"

Einstimmung! Alles Folgende wird infolgedessen als normal groß angesehen, durch die optische Konzentration wirkt alles größer als es in Wirklichkeit ist.

Weiterhin stellen die Frösche ein Grundmotiv der gesellschaftlichen Existenz dar. Ein Einzelner dirigiert beweglich, agil und exaltiert eine Masse, die sich zum Rhythmus der Sugar-Blues-Parodie aufblasen läßt. Ich hatte bewußt darauf verzichtet, die Szene noch mehr ins Politische zu ziehen, obwohl es mich gereizt hätte. Aber Marionetten sind nur in einem tieferen Sinn politisch, dort allerdings hochkarätig. Sie entlarven das nicht Machbare um so mehr, als sie selbst davon abhängen.

Vordergründig gibt es einen Chor und seinen Dirigenten, eine Masse und den grünen Demagogen. Technisch habe ich eine Solomarionette und die interessante technische Version von einem pneumatisch in Bewegung zu setzenden Chorus. Der Solo-Frosch stellt in seiner technischen Gestaltung eine Basis für viele Variationen dar, wie fast jede Szene des Programms. Über die Eigenschaften des 45°-Gelenks zwischen Hüfte und Oberschenkel schreibe ich ein andermal. Die Marionette hat vier Gliedmaßen mit allen Gelenken und Teilen an einem festen Körper mit integriertem Kopf, ohne Gelenk oder Unterteilung zwischen Kopf und Körper. Zu erwähnen bleibt noch eine besondere Einrichtung am Spielkreuz. Die Beine sind einzeln zu führen. Diese Konstruktion ermöglicht zusätzlich ein gleichzeitiges Heben beider Beine. Sie ist dazu ausgesprochen handgerecht, da die Finger lediglich drücken und nicht heben müssen.

Der Storch ergab sich aus einem Filmauftrag, wie übrigens die Frösche auch. Er zeigt die ausgereifte technische Konzeption und hat entsprechend weitgehend vorprogrammierte Bewegungen, die mit großer Einprägsamkeit imstande sind, Musik sichtbar zu machen und die gemeinsame Schönheit und Faszination von Musik und Mathematik zu zeigen. Im Vordergrund steht der Titel der Szene als Brücke von einem reinen Bewegungsablauf zum Publikum, und die Gestalt des wohlbekannten, sagenumwobenen Stelzvogels. So erstaunlich die als echt empfundene Studie wirkt, so einfach ist sie zu spielen, weil alle diesbezüglichen Probleme bereits bei der Konstruktion gelöst wurden. Man mag sich fragen, was dem Spieler in der Vorstellung zu tun bleibt, ob er nicht zum reinen Maschinisten degradiert wird. Die Antwort ist: nein, denn für das Theater können Verblüffung, Bewegung und Erscheinungsform nur Mittel zur Gestaltung und nicht Selbstzweck sein. So hält das timing, die empfindsame Reaktion auf Szene und Musik einerseits und Publikum andererseits *den Storch auf seinem Morgenspaziergang* lebendig. Die gemessenen, ausbalancierten Bewegungen zeigen in ihrer Exaktheit und Eleganz die von mir bevorzugte Mischung aus Realistik und Abstraktion. Der Storch ist in der ersten Linie Storch, in der nächsten Linie ist er Metapher für Stelzvogel. Neben die Magie der Marionette tritt

„Das Froschkonzert"

noch die mythologische Beziehung. Auch hier sehe ich ein Prinzip, das einer Vielzahl von Marionetten und Szenen zur Basis dienen kann.

Der *Professor Geheimrat Doktor Doktor Friedrich Wilhelm Ambrosius* läßt sich herbei, auf Grund des ungewöhnlichen Niveaus seines Publikums eine nicht leicht verständliche, aber vielleicht gerade deshalb interessante Gastvorlesung zu halten. Er zelebriert sein Bla-Bla im Tonfall einer germanistischen Vorlesung und läßt dabei seine linke Hand sprechen: These, Antithese und Conclusio. Die Hand hat nur vier Finger und hier stimmt die Verstümmelung, die ich sonst nicht liebe. Die Puppe stammt von Bross, der Vorgänger der Szene war ein Polizist, ebenfalls von Bross. Die amtliche Bekanntmachung im Tonfall eines Dorfbüttels mit eingefügter Verkehrserziehung und Verkehrsregelung war eine Szene, die an meine Mundart gebunden war und ausgesprochenes Schwäbisches bot, weniger Allgemeingültiges erreichend als die Oma. Die Variationsbreite war geringer, auch von der Figur her. Eines Tages konnte ich den Polizisten nicht mehr spielen, er war gewissermaßen leergespielt. Er fand auch nie mehr ins Programm zurück, trotz mehrfacher Versuche.

Ursprünglich hatte ich einen Märchenerzähler bestellt. Bei Bross entstanden zwei verschiedene Marionetten, die ich beide erwarb. Der Märchenerzähler konnte sich nicht lange im Programm halten, was nicht an der Gestaltung der Marionette lag, sondern an der Konzeption der Szene. Die zweite Marionette, der Professor, kam über eine reale Nonsensvorlesung eines Tages zu seinem Bla-Bla. Auf Spanisch heißt sprechen *hablar*, und als in Spanien die Wogen in der Vorstellung hoch gingen, begann ich, meine deutsche Vorlesung in Spanisch zu übersetzen, indem der Professor nur noch von Sprechen sprach: hablar hablar hablar. Diese Szene ist eine Parodie, keine Satire, obwohl sie solche Züge trägt. Es gibt ja immerhin Professoren, die so gescheit sind, daß die Zuhörer nur Bla-Bla verstehen, weil sie nicht folgen können. Das Reden, oder genauer: der Laut wird durch Bewegung interpretiert und serviert. Beides soll zusammenwirken und wirkt nur zusammen. Interessant war die Stimmfindung, die ganz aus der Gestalt des Professors kam und den Charakter eines Tönens innerhalb einer geschlossenen Masse hat.

Lulla, die zeitlose Zeiterscheinung, der Teenager, ist eine der Glanzleistungen von Bross, mit überlangen Beinen, die exakt zu führen sind und einen erstaunlichen Wirbel machen können. Die Vorläuferin Lu entstand anläßlich der ersten Fernsehversuche in Stuttgart. Hier tritt das beliebte „Tanzen der Puppen" mit dem Menschen in Beziehung, der mit dem Marionettenmädchen sichtbar auf einer Ebene steht und von ihr zum Tanz aufgefordert wird. Das Einbeziehen des Spielers in die Szene ist ein dramaturgisches Mittel, das dem Figurentheater vorbehalten ist, eine Konfrontation von Schein und Sein, wobei das

9 Meine ersten Handpuppen · S. 110 „Tänzerische Impressionen nach spanischer Musik" · S. 111 Fräulein Lulla, eine zeitlose Zeiterschei-
· S. 112 „Clown Pünktchen und sein Glück" · S. 113 „Der Clown und die Blume" oder die Schwierigkeit, sich zu entscheiden · S. 114 „La
de Nuit – Die Schöne der Nacht" · S. 115 Zukünftiges, Vielversprechendes · S. 116 Clown Gustaf mit Alice Zizipee · S. 117 „Unsere Oma
tuttgart", geliebt, geehrt und manchmal auch etwas gefürchtet · S. 118 Zwei verwegene Gestalten · S. 119 „Telemekel und Teleminchen" –
eiden Hauptdarsteller aus der gleichnamigen 17teiligen Fernsehserie aus den Jahren 1963–1970 · S. 120 Puppen aus der Experimentierreihe
DR: „Lullemie" (oben Mitte) und „Der Gulp" (oben links); für eine Goethe-Sendung des HR „Hanswurst" (oben rechts) und „Gerichts-
" (unten).

ionetten auf den Seiten 111, 112, 117 stammen von F. H. Bross, alle anderen von Albrecht Roser)

Sein auf den Schein eingeht und so zum Teil des Scheins wird, während sich der Schein zum Sein verwandelt. Es sind unglaublich verzwickte Vorgänge, Magie ist immer dabei. Magisches geschieht, wenn Stoffliches lebendig wird, also bei Ihnen als Zuschauer, wenn Sie etwas für lebendig halten, von dem Sie genau wissen, daß es tote Materie ist. Vorher allerdings muß ich als Puppenspieler Ihnen die Gelegenheit geben, sich auf dieses Spiel einzulassen. Ich muß dazu imstande sein, nicht nur die Marionette perfekt zu führen, sondern für Sie zu spielen, damit Sie angeregt werden, mitzuspielen. Man könnte es Suggestion nennen, wenn Sie dadurch nicht auf bestimmte Gänge aufmerksam würden. Alles soll man nicht preisgeben. Erlauben Sie mir deshalb, daß ich hier einen Punkt mache.
Den *modernen Troubadour* habe ich jahrelang als ,,Rattenfänger" angekündigt. Die Anregung dazu tönte aus dem Radio, die Marionette entstand 1960. Elvis Presleys exaltiertes Heulen und deutsche Vorstadtstars, die ihn kopierten, hatten mich so beeindruckt, daß ich etwas davon weitergeben mußte. Die Szene war zeitkritisch und zeitbedingt. Inzwischen hat sie noch eine andere Funktion übernommen. Das Publikum fühlt sich am Ende der Szene, wenn sich unser Sänger in nachahmlicher Weise verbeugt, unmittelbar mit der Kunstfigur konfrontiert, ins Spiel einbezogen und sozusagen plötzlich selbst den Marionetten auf der Bühne gleichgestellt, was merkwürdige Reaktionen hervorruft, von amüsierter Überraschung bis zum überrumpelten Ausruf. Gestalterisch zeigt der Kopf als siebenter und zunächst auch abgelehnter Versuch beim Bau dieser Marionette eine glatte Oberfläche, zu der ich nach der Erkenntnis kam, daß der Schnitt als handschriftliche Oberflächenstruktur nicht meine Sache war. Das singende Klappmaul mit der Technik der sich nach unten und oben öffnenden ,,Lippen" ergab zusammen mit einem Kardangelenk zwischen Kopf und Hals überraschend typische und komische Wirkungen.
In der Stuttgarter Charlottenstraße saß zwischen zwei Häusern in den fünfziger Jahren ein Mann auf dem Trottoir, der Schnürsenkel und Rasierklingen verkaufte. Ich hatte ihn oft wahrgenommen und beobachtet. Er inspirierte mich. In seinem Gesicht zeichneten sich die Enttäuschungen einer ganzen Generation ab. Er sah wie Strandgut des Krieges aus. Ich bat Bross, sich den Mann einmal anzusehen, denn meine Szenenidee von einem Invaliden mit Drehorgel verdichtete sich und kaprizierte sich immer mehr auf den Mann in der Charlottenstraße. Die Verkörperung des Gescheiterten sollte bei der Marionette ein Holzbein sein, äußeres Zeichen der inneren Versehrtheit. Bross sprach mit meiner ,,Entdeckung", erzählte mir von dem interessanten Gespräch und traf mit seinem Arbeitsergebnis voll ins Schwarze. Die *Szene von der Schattenseite des Lebens* war von Anfang an heiß umstritten beim Publikum. Einige meiner nächsten Freunde lehnten sie völlig ab. Mir scheint sie nicht nur im Programm nötig als Kontrast und Gegengewicht, son-

dern auch als eine Farbe im Spektrum, als eine Gestalt inmitten von Clowns und ausgelassenen Parodien, die betroffen machen kann. Die Choreographie ist einfach, ein Humpelgang mit Holzbeintakt auf dem Holztisch führt diagonal vom Dunkel unter das Licht, das einseitig auf einer Bühnenseite eine Art Nacht- oder Straßenbeleuchtung zeigt, von dort am Podestrand entlang zurück ins Dunkel. Technisch gibt es außer der kurbelnden Hand nichts Besonderes. Die Unterbrechung der Drehorgelmusik mit der Bewegung der Almosen-heischenden Hand zum Publikum gehört zu meinen Beispielen, wenn über die Dramaturgie des Marionettentheaters gesprochen wird. Die gleiche Szene würde man einem Schauspieler schwerlich abnehmen. Marionetten können und dürfen manchmal mehr.
Der Pierrot mit seinem sentimentalen Lied auf der Geige spielte lange Zeit für *La Belle*, seine Angebetete, die ihm eine Rose geben möchte. Doch er versäumt seine Chance. Er bleibt mit seiner Geige, der Musik und der Sehnsucht allein zurück. Bross hatte damals zwei verschiedene Ausführungen vom Pierrot geschaffen und stellte sie mir zur Wahl. Es war die erste Szene, die von zwei Spielern gespielt wurde. Nach dem Tod meiner Assistentin Ina von Vacano ließ ich den Pierrot wieder selbst geigen. *La Belle* ist seitdem nicht mehr gespielt worden. Das wird sich ändern, denn die Szene ist ohne zweite Figur nicht vollständig.
Pünktchen war die letzte Marionette, die Bross für mich gebaut hat. Ich wollte einen neuen Clown haben, und er sollte nur lustig sein, ohne jeden tragischen Hintergrund. Bross arbeitete zwei Jahre lang an dieser Figur, er legte sein ganzes Wissen und Können hinein, wie er mir sagte. Die Marionette gefiel mir zuerst nicht, trotzdem kam ich gut mit ihr zurecht. Technisch großartig, regte sie durch ein neues Spielgefühl die Phantasie des Spielers an. Der große runde Kopf hat Beine, die gleichzeitig Körper sind. Das hört sich einfach an, bedeutet aber technisch und gestalterisch einen wesentlichen Schritt in der Entwicklung des Marionettenbaues. Die Szene entstand schnell; es wurde die Geschichte von *Pünktchen und seinem Glück* daraus, von dem kindlich naiven Clown, der seinen zunächst sorgsam gehüteten blauen Luftballon verspielt und schließlich sogar wegstößt. Im Augenblick danach tut es ihm leid, und er will sein Glück zurückholen. Aber das verweigert sich ihm, spielt nun seinerseits mit ihm, neckt und foppt ihn, bis beide nach wilder Jagd den Boden unter den Füßen verlieren und höher und höher ihre Kreise ziehen, im Raum verschwindend. Die Szene wird ohne Worte gespielt. Dennoch identifiziert sich das Publikum so intensiv mit dem Geschehen, daß es mit einem Überraschungslaut mit Pünktchen zusammen den Boden unter den Füßen verliert, mitschwebt und ins Dunkel wie in eine Unendlichkeit fliegt. Ein weiteres Mal hängt das Publikum selbst an Fäden. Eine Szene kann also Anlaß zu einem sogar körperlichen Mitgehen der Zuschauer wer-

Szene von der Schattenseite des Lebens (Marionette: F. H. Bross)

den. Das entspricht meiner eigenen Erfahrung. Wenn es gelingt, so etwas anderen zu vermitteln, ruft es ein Gefühl von starker Gemeinsamkeit und tiefster Befriedigung hervor: Kommunikation. Pünktchen ist zu einem der absoluten Lieblinge des Publikums geworden.

Tänzerische Impressionen nach spanischer Musik werden mit drei meiner einfachsten Marionetten gespielt, die zu einem Ballett zusammengefügt wurden. Diese Koordination ist als technische Lösung interessant, hauptsächlich in ihrer Einfachheit und Handhabung. Das Tücherballett gibt dem Spieler einen größeren Spielraum in der Gestaltung der Szene. Mit abstrahierten Figuren werden auch große und heftige Bewegungen möglich und glaubhaft. Im Tanz verwandeln sich die Körper in Farbe und Form. Die Improvisation innerhalb der Szenen nimmt einen breiten Raum ein und bringt in jeder guten Vorstellung neue reizvolle Nuancen.

Jahrelang versuchte ich, zu Gustaf, dem Lebenskünstler-Clown, eine Kontrastfigur zu finden. Sie sollte die tragische Seite vertreten, das Scheitern. Es gelang mir erst nach dem Tod meines Vaters, der als Erlebnis tiefer Trauer vor allem hinter der Gestaltung des Kopfes stand. Bross hatte mir einmal geraten, für dieses Vorhaben völlig anders zu verfahren; andere Formen, andere Prozedur – ein völlig neuer Versuch. Ich verzichtete auf Konstruktion und technischen Aufwand an Gliedern und Gelenken. Schon die Größe des Kopfes bedingte eine Einschränkung, denn voll ausgebildet wäre die Marionette zu schwer geworden, zu schwer für die Spielerhand und den Spielerarm. Es entstand etwas, was ich als Kopf-Marionette bezeichne, weil alles von diesem Kopf ausgeht und der Kopf allein mit drei Fäden voll beweglich und genau zu führen ist: *„Der Clown und die Blume"*. Durch die Konzentration gewinnt sein Kopf gegenüber normalen Marionetten an Beweglichkeit, da er in keiner anderen technischen Beziehung steht zu den übrigen Teilen der Marionette als der, daß Kopf und Körper durch den Hals bzw. ein Halsgelenk verbunden sind; am Kopf hängt der Hals, am Hals der Körper ohne weitere Aufhängung seinerseits am Spielkreuz. Der Körper besteht aus einem Tragbügel, der Stoffetzen und Kleidungsstücke zueinander und übereinander geordnet trägt. Nur die Hände sind wieder gesondert zu führen mit je einem Faden an einem Stab, der entsprechend der Größe der Marionette und der daraus resultierenden Armlänge so breit sein muß, daß er für den Transport zum Zusammenklappen eingerichtet werden mußte. Zwei Blumen vervollständigen die Szene, eine hat der Clown schon in der Hand, die andere ist plötzlich da als Konflikt. Die Unterarme sind aus Schaumgummi, Kordeln als Oberarme bilden die Verbindung zu den Schultern. Der Hals besteht ebenfalls nur aus einem Stück farbiger Kordel, so daß an der ganzen Marionette kein „genaugehendes" Gelenk zu finden ist. Trotzdem funktioniert der einfache Aufbau, weil ich durch die lange Arbeit mit Gelenken und durchkonstruierten Marionetten wußte, wo und wie einfache Verbindungen zwischen den Einzelteilen der Marionette anzubringen waren. Die Szene des Clowns arbeitet mit der Ausdrucksmöglichkeit des Kopfes in Verbindung mit den beiden Blumen und dem Thema. Die Schwierigkeit, sich zu entscheiden, wird im Hin- und Hergerissensein der Figur zwischen den beiden Blumen bis zum Zusammenbruch der Figur gespielt. Die Einfachheit der Marionette erlaubt und erfordert große Bewegungen im Raum. Sie erleichtern dem Zuschauer das Verstehen. Das Geschehen spielt sich sonst nur im Gesicht, in der Maske des Clowns, ab. Das ist für viele Zuschauer zu wenig, zu verschlüsselt.

Die Einfachheit dieser Marionette regte mich zur Erfindung der *Tüchermarionette* an. Sie dient vortrefflich als Einführung in die Kunst des Marionettenbaues und des Marionettenspiels. Sie ist an einem Nachmittag aus einem (oder zwei sehr dünnen) Nylon-Kopftuch und 5 Holzkugeln unterschiedlicher Größe herzustellen. Danach kann sofort mit dem Spiel begonnen werden. Die Anleitung dazu finden Sie weiter hinten in diesem Buch.

Einen *seltsamen Reigen* zeigen die vier fernöstlichen Gestalten, Rücken an Rücken ins Licht trippelnd, hüpfend, sich in der Gruppe drehend. Sie wachsen ein wenig, zu fremden Rhythmen und Tönen, und schrumpfen wieder zurück in ihre Normalgröße. Die Musik wechselt – die Gruppe schießt blitzartig in die Höhe, verschwindet für einen Augenblick in der Dunkelheit, um sofort im Licht auf der anderen Seite der Bühne als Spinne oder Krake wieder zu erscheinen. Ihr riesiger Schatten auf dem Bühnenhintergrund überragt alles. Er wirkt erschreckend und bedrohlich, eine harmlose Gruppe fast possierlicher Männlein hat sich blitzschnell in ein Ungeheuer verwandelt. Mit dieser Figur habe ich eine Marionettentradition aufgegriffen und neu interpretiert. Die Verwandlungsmarionette gehörte als artistischer oder technischer Trick zu jedem theatro mundi, das als Zugabe nach den Volkstheaterstücken gegeben wurde. Die Verwandlungen zielten dabei lediglich auf Verblüffung und Überraschungseffekt. Ich versuchte, mit dem dramturgischen Mittel „Verwandlungsfigur" eine Aussage zu erreichen. Die Szene zeigt den unerklärlichen, unverständlichen Wechsel, der sich bei Menschen ereignen kann, die von freundlichen, harmlosen Leuten in einem Augenblick zu reißenden Bestien werden, um danach wieder friedliche Lebewesen zu sein, denen niemand Böses zutrauen würde. Kein anderes theatralisches Medium verfügt über eine ähnliche Möglichkeit, so sehe ich auch hier die Basis für viel Neues.

Technisch bietet eine solche Figur naturgemäß Besonderes. In der Konstruktion konnte mit Schirmstäben eine gute Lösung für die notwendigen dünnen Gelenke gefunden werden. Im Spielkreuz habe ich größte Einfachheit in der Bedienung erreicht durch Verwen-

dung des Scherenprinzips, das durch Umlenkung den notwendigen Fadenhub für die Spinnenbeine erzeugt. Das Prinzip entstand erst nach endlosen Fehlgängen mit komplizierten Einzelzügen. Das Ergebnis der Bemühungen läßt sich kinderleicht handhaben.
Die Bauchtänzerin brachte die teilweise Erfüllung eines der Träume vom Anfang: Tanz – eine Marionette, die wirklich tanzt. Ich verstehe darunter nicht nur wiederholbare, exakte Bewegungen einer Marionette und ihrer einzelnen Teile, sondern eine wesenhaft tänzerische Anlage in der Gestalt und in der Ausdrucksmöglichkeit einer Marionette. Hier schildere ich die einzige vordergründig erotische Szene des Programms, die vielen als plausible Erklärung der Tatsache willkommen ist, daß ich mein Programm für Erwachsene ankündige und spiele.
Die Dame ist die Marionette mit dem tiefsten Aufhängepunkt. Sie ist die offenherzigste, sie zeigt alle ihre Einzelheiten nur leicht verschleiert. Es sind nicht viele, eine große Halbkugel stellt den Bauch dar, eine gedrechselte Holzform mit eingearbeiteten Gesichtszügen den Kopf und zwei Kugeln die Brüstchen. Eine Goldkordel als Arme mit ausgebreiteten Händchen und ein grüner Kunststoffbastvorhang anstelle der Beine vervollständigen die Ausrüstung. Der Bauch ist an drei Fäden am Spielkreuz aufgehängt, der Mittelfaden teilt sich vom Nabel ab in zwei Fäden, auf die der Oberkörper samt Kopf aufgefädelt ist. Kopf, Schulter und Busen hängen an einer Schwinge inmitten des Dreipunktespielkreuzes, ein Faltstab führt die beiden Hände und schon beginnt die Szene: mit einem großen Schatten an der Wand: Mit dem Rücken zum Publikum schiebt sich die Rotblonde in die richtige Position zwischen Scheinwerfer und Wand. Nach einer „verruchten" Musik enthüllt sie nach und nach ihre Reize, läßt Bauch und Busen hüpfen, winkt herausfordernd mit dem Kopf ins Publikum und hilft mit der Hüfte nach. Die Show endet damit, daß *La Belle de Nuit* auf die Knie sinkt und die Arme ausbreitet – Verführung und Lockung von Kopf bis nicht vorhandenem Fuß.
Die Entstehungsgeschichte dieser Marionette ist nicht genau zu beschreiben. Wahrscheinlich habe ich viele Jahre lang unterschwellig an ihr herumgedacht. Eine erste Skizze entstand an einem Nachmittag, als ich mich mit der Aufhängung und Weiterentwicklung von Tüchermarionetten beschäftigte. Danach entstand aus Bällen, Holz und Styroporkugeln *Mata Hari*, die erste in der Reihe. Dann folgte La Belle de Nuit und ein dunkelhaariges, asiatisches Pendant dazu.
Die Entwicklung der jüngsten Tochter des Ensembles dauerte vier Jahre. Sie hat noch keinen Namen. Sie bedeutet einen weiteren Schritt vorwärts. Sie ist schwarz, fast einen Meter groß, sie hat noch keine Szene, aber sie ist da und läßt das jahrelange Bemühen um Form und Technik sinnvoll erscheinen.

Über den Hund *Hanno Mack* und über die *Oma aus Stuttgart* habe ich schon geschrieben. Es sollen zwei weitere Szenen folgen, die im Programm waren und mit zwei Spielern gespielt wurden. *Marko und Margharita* spielten eine kurze Liebesgeschichte zwischen zwei Eseln: Begegnung, Werbung, Einigung. Der Schluß sieht beide wieder im Alltagstrott. Mit Säcken beladen gehen sie Runde um Runde. Die Marionetten sind nach einer neuen Methode gemacht, bei der ein Papiermodell mit einer chemischen Pappe beschichtet wird. Die Gesetzmäßigkeit des Materials bedingt eine strenge Formensprache. Eine Besonderheit ist der Versuch, die Beine der Grautiere als Rad zu gestalten, in das ein hölzernes Geräuschinstrument eingebaut wurde. Zum ersten Mal ließ ich für diese ein wenig literarische Szene die Musik schreiben und spielen. Das legte den Ablauf fest und erlaubte nicht, Handlung und Choreographie aus der Puppe selbst zu entwickeln. Es hatte sich herausgestellt, daß diese alte und von mir absolut bevorzugte Methode sehr viel schwieriger ist, wenn man nicht allein spielt. Technisch neu und bemerkenswert war die Beweglichkeit der Ohren, die sich ohne Sonderfaden durch die Bewegungen des Kopfes gegen den Hals hoben, senkten und drehten: am Hals drehbar befestigt, genügte das Gewicht des Kopfes und die Reibung der Ohren an den Rändern der Löcher an beiden Seiten des Kopfes, durch die links und rechts jeweils ein Ohr herauskam.

Die *Matrosenszene* war auch erzählend, sie brachte einen Gang durch den Hafen, nach einem aus Geräuschen und Hintergrundmusik zusammenmontierten Tonband, mit der gleichen Festlegung und damit auch der Gefahr des Einfrierens der Szene, obwohl die Geräusche mehr Freiheit ließen zur spontanen Ausdeutung. Die Matrosen sind eigenartige Marionetten aus großen Stahlfedern, die durch jeweils einen Stock geführt werden und aus der Beweglichkeit der Federn ihren spielerischen Reiz beziehen. Sie sind schwer zu spielen und blieben eine Episode im Programm, obwohl in der Werkstatt weitere Stadien einer Entwicklung dieser Marionettenart hängen. Vielleicht kommen sie eines Tages noch zum Tragen?

Es gab etliche Versuche im Laufe der Jahre, die nach wenigen Auftritten sang- und klanglos wieder aus dem Programm verschwanden, weil ich vor Publikum erkannte, daß keine Entwicklungsmöglichkeit in der Szene oder in der Marionette steckte, daß ich mit ihr nicht spielen konnte, weil sie mich nicht überzeugte, oder weil ich mit ihr nicht zurechtkam. Als drittes Beispiel der Versuche auf einem mehr konventionellen Wege zu neuen Szenen zu kommen, erwähne ich noch unser *„Heldenlied"*, in dem beide Puppenspieler Masken trugen und sich über den Köpfen der Kämpfenden verständigten. Die Marionetten entwickelte ich aus den Tücherpuppen, der Fechtkampf war ins Tänzerische übersetzt. Die beiden Führungskreuze standen als weiße Zeichen am Schluß auf dem

„Schlachtfeld" – eine Szene, die erfunden war und sich nicht aus dem Spiel entwickelt hatte. Ich weiß nicht, was aus der Szene geworden wäre, wenn ich sie kontinuierlich weiter hätte spielen können. Der Tod Ina von Vacanos unterbrach eine Entwicklung, die rund 10 Jahre gedauert hatte. Für die neue Assistentin ist der Einstieg in die Vorstellung noch ungleich schwieriger.

Denn es ist ein langer Weg, bis man in diesem Metier etwas kann, und nicht jedem hilft der Zufall und die Konstellation der eigenen Begabung, wie es mir mit Gustaf erging. Ich spielte von allem Anfang an absichtslos, nur um zu sehen, was die Marionette macht. Aus dem, was sie machte, machen konnte, entstand die Szene durch Auswählen und Ordnen, Vertiefen und Ergänzen, also im wesentlichen durch Regie. Die Wahl der Musik war zunächst zufällig, auch sie entwickelte sich empirisch, spielerisch. Ich ließ Gustaf stundenlang vor dem Spiegel spielen, nach allem, was das Radio an Musik anbot. Dabei stellte sich heraus, daß Gustaf stärker auf rhythmische Musik reagiert, daß der Rhythmus den Bewegungen eine Basis gibt, denn auch der Beschauer empfindet ihn als Impuls. Von mir selbst unbemerkt studierte ich das Spielen mit einer Marionette und seine Wirkung gleichzeitig, wobei ich auf die Ergebnisse der Experimente unmittelbar und ohne umständliche Befragung mit neuen Versuchen antworten konnte. Damals reizte mich einfach diese erste eigene Marionette zum Studieren und Probieren. Die Notwendigkeit eines Reizes ist geblieben, irgend etwas muß an einer Marionette neu und zu erforschen sein, dann kann eine Szene entstehen. Spiel ist für mich nicht die Verwirklichung meiner Absicht oder meines Willens, sondern Entdeckung und Entstehenlassen aus den mir nicht bewußten Bereichen, das Bewußtsein ordnet und siebt. Da ich Begabung als Verpflichtung den Leuten gegenüber ansehe, war und bin ich bemüht, die Basis des Spiels so breit als möglich zu halten, so lange das ohne Abstriche am Anliegen zu erreichen ist. Mein Anliegen war und ist, mein Publikum, die Menschen, für die ich spiele, von ihrer Psyche her zu erreichen und dort durch Anregung der eigenen schöpferischen Kräfte eine durch Kommunikation intensivierte Erholung zu bewirken. Die aufgedonnerte Analyse meines Anliegens ist auch mit einem einzigen und ohne weiteres verständlichen Wort zu nennen, und ich scheue mich nicht, von *Seelenpflege* zu sprechen und dort meinen Platz, meine Wirkungsmöglichkeit und meine Aufgabe zu sehen. Das „Spielen lassen" erfordert Geduld – man muß warten können – und einen sublimierten Ehrgeiz – er muß der Sache gelten – und nicht der eigenen Person. Das Halten der Basis und der Verzicht auf egoistische, rücksichtslose Entwicklungen erfordern Stehvermögen und Verzicht auf „die Szene".

„*Gustaf spielt*", 20 Minuten lang. Es sind pantomimische – tänzerische – parodistische, zur Hälfte mit Musik unterlegte Nummern eines Clowns, es ist das Ausspielen einer Marionette bis in die Fingerspitzen. Da ich mit Gustaf angefangen habe zu spielen, ohne mir zunächst dessen bewußt zu werden, kann ich über ihn und seine Szene am wenigsten schreiben.

Es entwickelte sich alles aus den Persönlichkeiten heraus, die am Spiel beteiligt waren: Gustaf und ich. Von aufmerksamen Beobachtern wird behauptet, ich würde Gustaf immer ähnlicher. Daran ist etwas Wahres. Er *war* immer ähnlich, denn jeder Puppenbildner mischt sich in seine Geschöpfe, mehr oder weniger, und wenn er selbst nicht darin zu finden ist, hat er seine Nächsten mit in die Physiognomie eingebracht.

Gustaf beginnt sein Spiel mit einem Getrampel hinter den Hosenbeinen seines Spielers und kommt dann mit weitausgreifenden, betonten Schritten auf sein Publikum zu, um sich nach einem jovialen Winken tief zu verbeugen – immer wieder Applaus fordernd. Dann beginnt er Zug um Zug seine vielschichtige Persönlichkeit zu zeigen, er dirigiert, wirft die Beine wie ein Revuegirl, er schaukelt auf meinem Schuh, er fällt über den Tischrand und rutscht zum Liegestuhl, nachdem er sich wieder auf den Tisch hochgestemmt hat. In der Reitszene kommt das Pferd Alice Zizipée als zweite Marionette hinzu. Das edle Tier ist ein Apfelschimmel, deutlich weiblichen Geschlechts, der violette Seidensamtvorhang verdeckt die Beine, die nicht vorhanden sind, weil sie ja sowieso nicht zu sehen wären. Alice Zizipée ist ein Zirkuspferd an drei Fäden plus einem weiteren für das Kopfnicken, das alle Gangarten stellvertretend anschaubar macht. Bemerkenswert ist außerdem, daß Gustaf in das Pferd hineinsteigt – der Sattel ist ein Loch, eine Aussparung im Pferderücken. Das alte alemannische Fastnachts-Pferde-Prinzip der Umhänge- und Einsteig-Gäule diente als Vorbild. Was Gustaf spielt, war nie neu, aber es erhält mit der Marionette einen völlig neuen Aspekt. Wie bei vielen meiner Szenen stellte sich dabei heraus, daß es nicht richtig sein muß, mit Marionetten nur das zu spielen, was Menschenschauspieler nicht können. Ein Schritt einer Marionette auf der Bühne hat eine andere Bedeutung und Aussage als ein Schritt eines menschlichen Schauspielers. In Gustafs Spiel kontrastiert menschlich Nachfühlbares und Bekanntes wie die pantomimische Ausdeutung der alten Berliner Walter-Kollo-Melodien, das Fallen und Über-den-Boden-Rutschen, die Liegestuhl- und Klavierstuhlposse mit dem irrealen Pferderitt, dem Schlittschuhlaufen und dem Einbeziehen des Animators in das Spiel durch die Marionette bis hin zum eigensinnigen Zurückrücken des Klavierstuhls. Die Verbeugung Gustafs mit Blumen im Arm, die er vorsorglich selbst mitgebracht hat, gilt *seinem* Applaus, *er* ist der Star und der Künstler: es kommt so gut wie nie vor, daß das hochverehrliche Publikum nicht mitspielt und daran nicht seine Freude hat.

Die *Oma aus Stuttgart* hatte ich schon vorgestellt, ihren Werdegang und ihre speziellen Eigenschaften und Eigenheiten beschrieben. Was sie redet, ist mir für die Vorstellung nicht so wichtig, ausschlaggebend für die Oma ist, daß alle *ihr* zuhören. Dazu aber muß ihr eben allerlei einfallen, und so kam es zu ihrer wechselnden, aber stetig wachsenden Schlagfertigkeit und zu ihren „Sprüchen", wie man im Schwäbischen sagt: „Bonmots" – das wäre ihr zu „geschwollen" ausgedrückt. Denn sie will nicht Kabarett machen, sondern den Punkt erreichen, wo ihren Gästen unversehens abhanden kommt, was sie sehen, und alle tatsächlich der *Oma* zuhören und nicht dem Roser, der dahinter steht. Dieser prickelnde Reiz treibt die Oma zu den gewagtesten Aussagen und Konversationen, sie kennt immer ein paar Zuschauer mit Namen und sagt Dinge, die sich ein Mensch nie erlauben dürfte. Sie strickt paritätisch, zwei links, zwei rechts, ab und zu läßt sie eine fallen, das ist dann die Mitte – *und überhaupt, wenn man lauter Linke strickt, kommen auf der anderen Seite lauter Rechte heraus!*

Wesentliches ist nur am Rande eingestreut, wenn sie z. B. am Schluß ermahnt: *„Trinken Sie ruhig noch das eine oder andere – aber nicht beides, bitte, vor allem wenn Sie noch mit dem eigenen Auto selbst nach Hause fahren wollen! Denken Sie beim Trinken ans Heimfahren! Es könnte sonst Ihr Tod – – – oder sogar der Führerscheinentzug sein!"*

Als Zugabe, die behauptet, keine zu sein, kommt bei öffentlichen Vorstellungen nach der Oma noch das Hondebott. Es entstand im Entwurf, als mich ein deutscher Lehrer aus Kairo besuchte, wo er uns anläßlich einer Tournee für das Goethe-Institut gesehen hatte. Er war am Puppenspiel interessiert und betrieb es an der dortigen Schule eifrig, beschwerte sich aber, daß es in Ägypten kein Material gebe. Ich griff zu einem Stück Papier, das gerade herumlag, und schnitt mit einer Schere ein paarmal hinein in der Absicht, ihm zu zeigen, daß man selbst aus Papier in Minutenschnelle Puppen bauen könne. Nach kurzer Zeit hatte ich aus dem angeschnittenen Papier ein Irgendwas gebogen, getrieben und zusammengesteckt und vergaß es dann wieder. Wie alles, was entsteht, wurde auch diese Skizze eine Zeitlang aufbewahrt, gerade so lange, bis ich für das erste der von P. K. Steinmann initiierten Experimente beim Süddeutschen Rundfunk u. a. ein Phantasietier in Auftrag hatte mit Namen *Hondebott*. Da kam jene vergessene Schnipfelei zum Tragen: es *war* das Hondebott. Bis zu seiner heutigen Form vergingen noch zwei Jahre, ein weiterer Film für den SDR war nötig als Grund, das Hondebott weiterzuentwickeln. Was so einfach schien, hatte in der Endausführung über 80 Einzelteile, war nach dem Rolladenprinzip mit Gelenken versehen und hatte dadurch spezielle neue Bewegungsabläufe und Möglichkeiten. Es ist ein drolliges, rührend-komisches Ungeheuer mit Rüssel und großen Ohren und einem ständigen Hang zum „Bängsen", wie ihn Kinder haben, wenn sie schlechter Laune oder übermüdet sind. Es hat neben seiner Grundkonzeption noch eine bemerkenswerte Raffinesse, es hat – durch Fadenzug bewirkt, eine „Imponierhaltung", bei welcher der Kopf blitzschnell auf die Brust gezogen wird und die Ohren steil in die Höhe stehen. Der Rüssel schließlich ist sehr beredt, wenn er seinen Schlenkerer ausführt und das Hondebott halblaut aber drängend zum Publikum sagt: „Weg! – was wollen Sie noch?"

Sollten Sie angeregt sein und Lust bekommen haben, selbst zu probieren „wie das geht", sollten Sie selber erfahren wollen, am eigenen Leib, ob Sie spielen können, und was es Ihnen bringt, was Sie alles „abreagieren" können an nicht ausgelebten Wünschen, Gedanken und Gefühlen, kann ich Ihnen zunächst die einfachste Marionette in die Hand geben: ein Ding an einem Faden – am besten eine Kugel aus Styropor oder Holz, es kann auch ein Wollknäuel sein oder Christbaumschmuck, ein Tennisball, ein Apfel oder eine Orange. Einen Faden an einem Ding zu befestigen, ist für niemand ein Problem. Sie haben damit schon eine einfache, die einfachste Marionette selbst gebaut. Spielen Sie jetzt damit! Sie werden staunen, was diese simple Konstruktion alles kann, was sie zeigt. Heben und Senken im Raum ist die erste Bewegung, die Sie mit Ihrer Marionette ausführen. Nehmen wir an, es ist eine Kugel – die strengste, unerbittlichste und unverbindlichste aller Formen. So lange Sie Ihre Faden-haltende Hand hauptsächlich in der Senkrechten bewegen, macht die Kugel, die am Faden hängt, alle Bewegungen Ihrer Hand einigermaßen genau mit, ohne daß Sie sich anstrengen oder besonders auf die Kugel achten müssen! Das ändert sich, wenn Sie Ihre Hand seitwärts, horizontal bewegen. Jetzt müssen Sie darauf achten, daß die Kugel „mitkommt". Bewegen Sie ihre Hand langsam und ruhig, hat die Kugel immer Zeit, Ihre Bewegung mitzumachen. Eine schnelle Seitwärtsbewegung bringt die Kugel „in Schwung", sie pendelt, sie macht nach dem Impuls, den sie ihr gaben, weitere Bewegungen aus sich heraus, aus ihrem Gewicht und der Aufhängung am Faden heraus. Diese Eigenbewegung ist ein Pendel, ihn zu kontrollieren ist viel schwieriger und erfordert Übung gegenüber ihrer ersten Bewegung, bei der Sie die Kugel durch den Raum „trugen". Ihre Marionette hat also grundsätzlich zwei verschiedene Arten von Bewegung: eine, die von Ihnen bestimmt wird und in der senkrechten Richtung fast alles erlaubt, und eine mehr von der Marionettenkugel bestimmte, eigengesetzliche Pendelbewegung, die mehr in die Horizontale geht.

Wenn Sie dieses Spiel interessiert, studieren Sie die Bewegungsgesetzmäßigkeiten am besten, indem Sie zu Ihrer ersten Marionette mit Kugel und Faden eine weitere hinzufügen, indem Sie die Kugel an einem dünnen Stab oder einem steifen Draht befestigen. Damit haben Sie die Kugel mehr „in der Hand", die eigengesetzliche Pendelbewegung aber ist verloren. Es ist reizvoll, beide Marionetten zusammen zu spielen. Wenn Sie jemand dafür gewinnen können, der als Partner die zweite Marionette spielt, ist es besser, als beide selber zu spielen. Sie sehen bald, wie die verschiedenen Gesetzmäßigkeiten der Bewegungen die beiden Kugeln charakterisieren und so eine Spannung schaffen, die dramatisch sein kann und Ihnen erlaubt, eine Szene zu erfinden: aus den Möglichkeiten Ihrer beiden einfachen Marionetten heraus bauen Sie Bewegung um Bewegung zu einer Handlung zusammen. Je mehr Sie spielen, desto mehr Ausdrucksmöglichkeiten und Bewegungsnuancen werden Sie entdecken. Die Fläche – Boden oder Tisch – als Ausgangs- und Ruhepunkt begrenzt und kontrastiert zum Raum. Beides zusammen sind die Größen, in denen und zu denen sich alle Bewegungen abspielen.

Kombinieren Sie Ihren einzigen Faden nun mit einem leichten Kopftuch, indem Sie dieses in der Mitte fassen und die Mitte als ,,Kopf" mit Ihrem Faden abbinden. Die vier Ecken hängen mehr oder weniger gleichmäßig herunter und bewegen sich durch den Luftwiderstand, wenn Sie dieses ,,Gespenstchen" durch den Raum geistern und hüpfen lassen. Beim Schwingen oder Pendeln mag sich herausstellen, daß der Luftwiderstand zu groß ist und etwas Gewicht der Beweglichkeit nicht schaden würde. Jetzt kombinieren Sie Ihr Tuch, Ihren Faden mit der Kugel! Binden Sie die Kugel in Ihr Tuch, und nähen Sie Ihren Faden so an das Tuch, daß die eingebundene Kugel und die vier Zipfel möglichst senkrecht herunterhängen. Sie haben jetzt mehr Kontrolle über Ihr ,,Gespenstchen" oder über Ihre Kopftuchkugel. Das Gewicht ,,beruhigt" Ihre Marionette. Sie stellen aber auch fest, daß sich die Zipfel des Tuches weniger bewegen. Wenn Sie wieder mehr Bewegung wollen, müssen Sie zu Ihrem einzigen Führungsfaden weitere hinzufügen. Damit beginnt der Bau einer Tüchermarionette: nehmen Sie jetzt zwei Fäden und nähen sie links und rechts vom ,,Kopf", genau einander gegenüber, je einen Faden an. Das geht leicht, aber was machen Sie mit den beiden Fäden? Zwei können Sie noch bewältigen, in jeder Hand einen, aber Sie wollen sicherlich noch mehr Fäden anbringen. So fangen Sie lieber jetzt gleich an, die Sache zu ,,rationalisieren". Binden Sie Ihre beiden Fäden an die Enden einer hölzernen Leiste, die um die Hälfte breiter sein sollte als Ihre Kugel! Dieses Stück Holz ist der erste Schritt zum *Spielkreuz*, einer Einrichtung, die es dem Marionettenspieler erlaubt, viele Fäden mit einer Hand zu dirigieren, ohne am einzelnen Faden ziehen zu müssen. So halten Sie jetzt die Leiste mit einer Hand und drehen Ihre Hand im Handgelenk. Ihre Marionette wiegt den Kopf von links nach rechts und zurück, sie schüttelt den Kopf. Gleichzeitig bewegt sich das Tuch, die Zipfel, der Körper Ihrer Tüchermarionette, und Sie haben erreicht, was Sie wollten: die Marionette läßt sich besser kontrollieren durch das Gewicht der Kugel, der Verlust an Beweglichkeit ist ausgeglichen durch einen weiteren Faden, Sie haben durch den zusätzlichen Faden erkannt, daß Sie ein Spielkreuz benötigen, wenn Sie mit Marionetten spielen wollen.

Soweit halte ich den Blick hinter die Kulissen als Ahnung, wie Marionetten funktionieren, und aus welchen Gesetzmäßigkeiten heraus, für allgemein interessierend! Wer über die Theorie hinaus in die Praxis einsteigen will, der findet hier eine Kurzanleitung zum Bau einer Tüchermarionette wie ich sie in meiner Vorstellung in den ,,tänzerischen Impressionen" benutze. An und für sich sprengt zwar dieser Einschub den Rahmen dieses Buches, andererseits möchte ich nichts versäumen, was zur Verbreitung und zum Verständnis des Marionettenspiels beitragen kann. Mit Marionetten kann jeder spielen, mindestens zur eigenen Freude, wenn nicht vielleicht sogar zur Freude seiner Nächsten oder Übernächsten, zur Freude und nicht nur zum Spaß, was ich entschieden unterscheiden möchte, weil die Freude immer seltener wird, obwohl sie wichtiger ist als Spaß und zu den unverzichtbaren Notwendigkeiten des Lebens gehört.

Die Tüchermarionette.

T Nehmen Sie ein Nylon-Kopftuch, ungefähr quadratisch, Seitenlänge ≈ 75 cm, bei sehr dünnen Tüchern empfiehlt es sich, zwei Stück zu nehmen.

K   Weiter benötigen Sie eine Holzkugel, Durch-
KB messer 5 cm, mit einer Bohrung von 8 mm,

H   und 4 weitere Holzkugeln mit einem Durch-
HB messer von 2,5 cm und einer Bohrg. von 4 mm,
FB und einer zweiten Bohrg. von 2 mm, die um 90°
    zur ersten versetzt ist.

S1 ein Rundholz, 6 mm stark, 27 cm lang,
S2 ein Stück Sperrholz, 5 mm stark, 15 mm hoch,
9 cm breit, in der Mitte ein Loch bohren von 6 mm.

S1+S2 Das Rundholz wird so in das Loch im Sperrholz-
brett gesteckt, daß auf einer Seite 6 cm, auf der
anderen 26,5 cm stehen bleiben. Festleimen!

F1 F2 An allen Enden des einen fertigen Spielkreuzes
F3 F4 mit 2 mm bohren.

T Tuch zu einem Drittel überschlagen, dann
M in der Mitte des Knicks eine Fadenschlinge
   durch das Tuch nähen, um es durch das Loch
K in der Kugel zu ziehen.

Z H Dasselbe geschieht mit den zwei unteren Zipfeln
     des Tuches und mit zwei von den 4 kleineren
     Kugeln,

A H die beiden restlichen „Hand"-Kugeln werden
     nicht auf die oberen Zipfel gefädelt, die Durch-
     ziehschlinge wird an einem Punkt durchgenäht,
     der von dem oberen Zipfel - oder Ecke - des Tuchs
     5 cm auf dem äußeren Rand entlang liegt: siehe
     Zeichnung. Das Tuch wird überall so weit durchge-
     zogen, daß die Marionette dasselbe Bild bietet
     wie auf der Zeichnung.

FB Die kleinen Bohrungen dienen bei den Handkugeln
    zum Befestigen des Fadens (Perlon-Anglervor-
    fach, Monofil 0,20 mm — oder Zwirn). Er wird an einer
    der beiden Hände festgemacht und hält dort
    gleichzeitig das Tuch in der Kugel fest.
    Beim Aufbinden der Marionette wird der Faden
    von der einen Hand durch die Bohrung am

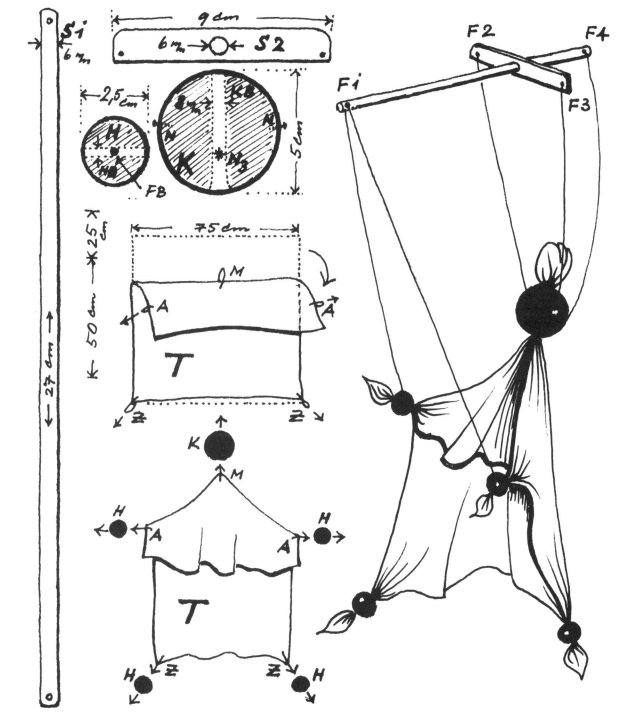

F1 Ende des längeren Teils des Rundstabes geführt und dann an der anderen Hand so befestigt, daß bei waagrechter Haltung des Spielkreuzes beide Handkugeln in Ruhestellung, also herunterhängen.

ZH Die Fußkugeln werden durch die kleinen Bohrungen an den durchgezogenen Tuchzipfeln festgenäht.

K Zuerst muß aber der „Kopf" aufgeschnürt werden. Dazu wird er links und rechts an genau
N gegenüberliegenden Stellen etwas oberhalb der Mittellinie der Kugel mit je einem kleinen Nagel mit Kopf versehen. Der dritte Nagel wird auf der Mitte der Rückseite der Kopfkugel, diesmal etwas
N3 unter der Mittellinie, eingeschlagen.

N-F2 An allen 3 Nägeln werden Fäden angeknotet
N-F3 und zum Führungskreuz geführt, um dort
N3-F4 ebenfalls befestigt zu werden.

Die Länge der Fäden richtet sich nach der Körpergröße der Spielerin oder des Spielers. Bei aufrechter Haltung und rechtwinklig nach vorne gebogenen Unterarmen soll die fertig aufgeschnürte Marionette gerade den Boden berühren.

So ermüdet der Spieler nicht zu rasch, wenn er vor dem Spiegel stehend, dort seine Schöpfung und deren Bewegungen betrachtet und wahrscheinlich alsbald vergißt, daß er es selber ist, der spielt, oder richtiger, der seine Tüchermarionette spielen läßt.

„Das kleine Gespenst" aus dem gleichnamigen Fernsehfilm des SDR nach dem Buch von Otfried Preußler

15. Kapitel

Fernsehen *oder* Der dritte Ton

Mit dem *Hondebott* sind wir ganz organisch und wie von selbst beim Fernsehen gelandet, denn das Hondebott vermehrte sich, es traf ein weibliches Hondebott, die beiden bekamen nach Fährnissen und Schwierigkeiten ein kleines Hondebott, das noch größere Ohren hatte. Das ganze war eine Sendung und hieß: „Der dritte Ton", es war das letzte der schon erwähnten Experimente, die der SDR durch die Aufgeschlossenheit der Leiterin des Nachmittagsprogramms, Dr. Schwarz, ermöglicht hatte. Neben Regisseur Voges durften Steinmann und ich unsere Geschichten selber suchen oder schreiben, selber die Drehbücher schreiben und selber Regie führen. Sinn und Zweck war, neue Wege für das Puppenspiel im TV zu finden, was nicht in dem Maße erreicht wurde, wie wir gehofft hatten. Es entstanden immerhin eine Anzahl eigenartiger Marionetten, Stabmarionetten, Handpuppen und anderer Spielfiguren, auf Puppenspiel sensibel abgestimmte Dekorationen und darüber hinaus weitere spezifische Erfahrungen mit Puppenspiel im Fernsehen.

Es waren nicht die ersten. Gustaf war von Anfang an dabei. In München wurden im Jahr 1952 Testsendungen hergestellt, die über Draht an Ausgewählte gegeben wurden, die das Sagen haben und eine Auswahl treffen sollten: Programmberater, Filmleute, Politiker waren am Senf beteiligt, der bekanntlich zur Wurst gehört. Womit nicht behauptet werden soll, daß mir das erste Auftreten im TV etwa Wurst war, zumal es sich dabei um den Kleist'schen Aufsatz über das Marionettentheater und den Versuch handelte, dessen Inhalte sichtbar zu machen. Gustaf demonstrierte Grazie. In Stuttgart fing das Fernsehen auch an. Im winzigen Studio auf dem Hoffeld wurde probiert, wie weit der kleine schwäbische Sender reichen würde: Gustaf stand zur Verfügung. Anschließend wurde geplant. Marionetten galten von vornherein als „telegen", für Fernsehen geeignet, denn es war etwas Kleines, und die Experten waren sicher, daß man in der Television mit kleinem Format in Ausschnitten und Details schwelgen würde. Die ersten Überlegungen rankten sich um Gustaf. Neue Marionetten wurden bei Bross bestellt, ich versuchte mich an einem ersten Drehbuch, doch man konnte sich nicht darauf einigen. Anläßlich der Funkausstellung in Stuttgart 1955 wurde dann „Der verlorene Zirkus" von Klaus Munro aufgezeichnet, in dem Gustaf einen Clown spielt, der mit seinem Zirkus pleite ist und überlegt, ob er seinen Hund verkaufen soll. Die schreckliche Aussicht, verramscht zu werden, spornte den armen Hund (Hanno Mack) zu ungeahnten Leistungen an, er sang das Lied

„Gustaf, ach verkauf mich nicht!" und gründete damit beiden eine neue Existenz – im Gegensatz zu uns, denn wir hatten erstmal Pause beim Fernsehen in Stuttgart. Dafür ging's in München weiter, in Baden-Baden, und in Hamburg. Die Oma sprach Zwischentexte in Artistensendungen, *moderierte* in Unterhaltungssendungen und im Werbefernsehen, wo auch andere Mitglieder des Ensembles mitwirken durften. Dann kam ein neuer Anfang mit dem SDR. Auf einer neuen Basis kam als erstes Produkt die „Katzenmusik" zustande. Ich hatte eine simple Geschichte erfunden von zwei Katzen, die ihr musikalisches Eigenleben gegen alle Widerstände der engen Gasse und ihrer Bewohner durchsetzten. In eigener Werkstatt entstanden die Dekorationen, bei Bross die Hauptakteure. Es waren keine Marionetten dabei, diesmal. Der Aufwand schien uns zu groß. Es folgten beim SDR allerlei Versuche in Jugend- und Kindersendungen, während der „Maxl" für einige Jahre fest beim Werbefernsehen in München angestellt wurde. Der „Maxl" wurde in Lizenz hergestellt, wie später „Telemekel" und „Teleminchen" von einer Sendereihe im Familienprogramm in 17 Folgen: „Abenteuer mit Telemekel". Sie begannen damit, daß ein junggeselliger Schriftsteller mit der Post ein Paket bekommt, in dem eine Puppe liegt, ein kleiner, im Grunde gutmütiger Teufel (oder Spirifankerl, wie so einer in Bayern heißt). Er wird in der Wohnung lebendig und quartiert sich endgültig bei den Menschen ein. Nachdem ich mich lange gesträubt hatte, Telemekels Theodor zu spielen, willigte ich schließlich ein. Es ist mir nie vollständig geglückt, den Menschen und die Puppe gleichzeitig so zu spielen, daß ich mir nicht die Anstrengung und die Umschaltung angesehen hätte. Es war trotzdem eine erfolgreiche Reihe, zu der uns eine Sendung der BBC (TV in London) angeregt hatte. Die Geschichten erfand ich zum kleinsten Teil selbst, die meisten zimmerten wir gemeinsam mit dem Team des Nachmittagsprogramms beim SDR zurecht, nachdem alle in Frage kommenden Dichter nicht so recht auf unsere beiden Handpuppenstars eingehen konnten. Telemekel wünschte sich nämlich eines Tages eine Schwester, das Teleminchen, die aussah wie ein Engelchen und mit den Augenwimpern klimpern konnte, was zauberhafte Effekte hatte. Mekel – oder Telemekel – konnte nichts dagegen setzen als seine zeternde Stimme – er sprach nicht wirklich, sondern gab nur skandierend im Sprechrhythmus Töne von sich, wie sie ein Instrument erzeugt, das ich Ihnen leider nur mit seinem etwas deftigen Namen nenne und beschreiben kann. Es handelt sich nämlich um das bei Kindern allzeit beliebte – pardon – „Furzkissen". Kinder jubelten dann auch über Mekels Reden, vor allem wenn die Erwachsenen nichts verstanden und die Kinder fragen mußten, was der Mekel jetzt eben wieder gesagt hat. Die Geschichten für die beiden blieben ein Problem, die Zusammenarbeit gestaltete sich besser und besser. Das führte zu dem Versuch, einen Autor mit dem Schreiben einer Geschichte zu

„Mischa Holzbein" „Das Brautpaar"

Aus der dreiteiligen Sendereihe des SDR „Der starke Wanja" (1966/1967) nach dem gleichnamigen Buch von Otfried Preußler

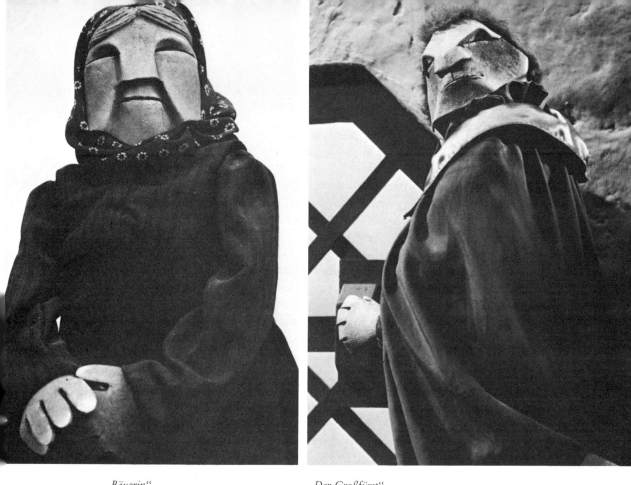

„Bäuerin" „Der Großfürst"

Aus der dreiteiligen Sendereihe des SDR „Der starke Wanja" (1966/1967) nach dem gleichnamigen Buch von Otfried Preußler

betrauen, die er frei erfinden sollte, ohne an irgendwelche schon vorhandenen Figuren gebunden zu sein. Der bekannte Kinderbuchautor Otfried Preussler aus Rosenheim in Bayern erklärte sich dazu bereit. Er schrieb eine dreiteilige Geschichte, die sich an russische Sagen anlehnte und vom starken Wanja handelte. Das Drehbuch wurde so angelegt, daß mit zwei Puppenspielern auszukommen war, die Puppen machte ich alle selbst: Stockpuppen mit meiner damals neuen Papier-Agoplast-Methode. Sie entstand, als mich ein alter Bekannter – Alexander Arnz – anrief und fragte, ob ich mit vier neuen Puppen in 14 Tagen drehbereit für Szenen sein könne, die er in einer Boyd-Bachmann-Show einsetzen wollte. Ich sagte zu und hatte dadurch den Anlaß, mein schon lang gehegtes Vorhaben auszuführen und Puppen aus Papier zu versuchen. Es gelang. Die technische Pappe Agoplast kam später hinzu als Verstärkung für das Papier, das allein zu kurzlebig gewesen wäre. Verblüffend war, wie lebendig diese Art Puppen auf dem Bildschirm wirkten. Zudem benötigte ich gegenüber Köpfen aus Holz oder Ton nur einen Bruchteil der Zeit, und die Papierpuppen waren herrlich leicht. Diesen Vorteil weiß jeder zu schätzen, der einmal für mehr als 10 Minuten eine Puppe hochgehalten oder eine Marionette geführt hat. Trotz dieses einfachen und schnellen Prinzips wurde ich mit einigen dieser 60 (!) Haupt- und Nebenfiguren erst in der Nacht vor dem entsprechenden Drehtag fertig. Es kam sogar vor, daß wir schichtweise durcharbeiten mußten, um keinen Termin platzen zu lassen.

Produziert wurde auf Film in meinem Studio in Buoch/Remstal, das auf den Tag genau wenigstens so weit fertig wurde, daß wir den ersten Teil des Wanja-Projekts – „Sieben Jahre auf dem Backofen" – termingerecht beginnen konnten. Bis dahin hatten wir immer gewisse Schwierigkeiten beim Produzieren gehabt, das Fernsehen war in Behelfsstudios auf dem Killesberg untergebracht, die Zeit drängte dort immer, und jeden Tag fragten andere Produktionen an, ob man nicht schneller arbeiten und das Studio für andere früher freimachen könne. Als endlich ein neues Fernsehgebäude gebaut werden sollte, erlaubte ich mir den kühnen Vorschlag, ein Puppenspielstudio für alle Sender der ARD in die Planung aufzunehmen. Man schien auch zunächst nicht abgeneigt, dieser Idee Raum zu geben. Aber nach Fertigstellung des Baues im Park der Villa Berg in Stuttgart war ja alles schon wieder viel zu klein, die Puppenspieler hätten zur Not noch in einer Garderobe ungestört probieren können. Da entschloß ich mich, selbst ein Studio zu bauen. Es war eine kühne Tat, denn trotz spartanischer Bauweise bedeutete das Vorhaben eine ziemliche Belastung, nicht nur in finanzieller Hinsicht. Friedrich Wagner, Architekt und alter Hausgenosse und Freund, entwarf das Studio. Der Baugrund in Buoch bot sich als Teil des elterlichen Anwesens an, zumal meine Mutter in meiner Vertretung dort leicht ihr scharfes Auge auf alle Bauarbeiten werfen konnte, was sie mit dankenswerter und nicht nachlassender Ausdauer tat. Sonst wäre das Studio niemals termingerecht zu benutzen gewesen, denn ich konnte nicht alles gleichzeitig tun, und während der Bauzeit keine Vorstellungen zu geben, nicht zu reisen, war erst recht nicht möglich, weil es die finanzielle Situation unerträglich verschärft hätte.

Wir feierten 1966 ein Fest, als wir endlich Zeit fanden, das Studio *nach* den Wanja-Filmen einzuweihen. Der Fernsehdirektor, der Landrat, die Presse waren beim offiziellen Teil, und der Präsident der UNIMA, der Union Internationale de la Marionnette, Max Jacob, Gründer und Leiter der Hohnsteiner Puppentheater, einer der bekanntesten und berühmtesten Puppenspieler, der mit seinem Spiel und seiner Persönlichkeit alle beeinflußt hat, die ihn kannten und erlebten. Es war ein Erlebnis, ihn mit seinem Kasper zu sehen. Ich habe ihn sehr verehrt. Er wurde ein guter Freund, dem man gerne zuhörte, ob er seinen klugen Rat gab oder einfach erzählte. Als Gast verstand er es nicht nur, mit seiner verbindlichen und verbindenden Art überall Brücken zu schlagen, er behielt auch stets seinen trockenen Humor. Er schloß damals seine Rede mit einem Toast und forderte die Gäste auf, 1966 mit dem Jahrgang 1955 auf den Jahrgang 1922 anzustoßen.

In Buoch produzierten wir in den Jahren 1965 bis 1968 mit dem SDR. Es war ein herrliches Arbeiten, ohne Hetze, in aller Ruhe und Konzentration. Das Team hatte sich vortrefflich aufeinander eingespielt. Nach dem „Wanja" folgte „Das kleine Gespenst" in zwei Teilen, nach einem Kinderbuch, das ebenfalls Otfried Preussler geschrieben hatte. Diesesmal entstanden nur die „Hauptpersonen" in eigener Werkstatt, das schwarze und das weiße Gespenst, alle anderen Puppen wurden in Auftrag gegeben. Zum ersten Mal baute ich von den beiden Gespenstern jeweils zwei Ausführungen, Marionetten *und* Stabmarionetten, so daß beide von unten und oben zu führen waren und manche Aufgabe gelöst werden konnte, die mit einer von beiden Techniken allein nicht zu meistern gewesen wäre. Außerdem konnten wir den spielerischen Teil nicht mehr allein bewältigen und zogen einen weiteren Puppenspieler hinzu. Zum ersten Mal wurde farbig aufgenommen. Man wartet dabei mit besonderer Spannung auf das Ergebnis, das frühestens am Tage danach zu sehen ist. Erst dann weiß man, ob die Aufnahmen in Ordnung sind oder ob wiederholt werden muß. Als der Film fertig geschnitten und vertont war, stellte man fest, daß die Vertonung Wünsche offen ließ. Es wurde der Versuch unternommen, das fertige Band elektronisch zu verfremden. Von der Möglichkeit bin ich heute noch angetan, wenn auch das Ergebnis, das damals erreicht werden konnte, noch nicht restlos überzeugend war.

Bei der Produktion „Reisen in Deutschland" kam der Regisseur auf die Idee, in Würt-

temberg den Wandermädchen vom *Stuttgarter Hutzelmännlein* Land, Leute und Geschichte erklären zu lassen. Wieder benützte ich beide Techniken, Marionette *und* Stabmarionette, also von unten und von oben zu führen. Das bedeutet eine ziemliche Knobelei, müssen doch Technik und Form eine Einheit bilden, was mit zwei Techniken und einer Form nicht leicht zu erreichen ist. Der Kopf der schwäbischen Sagengestalt entstand nach der Papiermethode. Sein Verhältnis zum Körper war mit 1:11 der Grund, daß das Hutzelmännlein nicht wie ein mehr oder weniger niedlicher Zwerg aussah. Kopf-Körper-Proportionen interessierten mich immer mehr, wie Größenverhältnisse der Puppen überhaupt, in sich und gegenüber anderen. Sie sind ein wichtiges Ausdrucksmittel in unserem Metier, das noch nicht genügend erkannt und eingesetzt wird.

1972 wurde während zweier öffentlicher Vorstellungen vor Publikum im SDR Fernsehstudio in der Stuttgarter Villa Berg „Gustaf und sein Ensemble" aufgezeichnet. Es wurde eine gute Sache, obwohl wir nur vier Tage insgesamt Zeit hatten. Dieter Schlotterbeck führte Regie. Er brachte einige Szenen wirkungsvoller heraus, als sie je in einer Vorstellung sein können. Insgesamt aber ist der direkte Kontakt zwischen Spieler und Publikum durch nichts zu ersetzen. Ich habe immer davon geträumt, eine Möglichkeit des Puppenspielens für das Fernsehen zu finden, die das ausgleicht, was durch die Indirektheit des Mediums verlorengeht. Als ich zum ersten Mal „Sesame Street" sah, konnte ich besonders deutlich feststellen, daß ich mir meinen Traum nicht erfüllt hatte. Hier war realisiert, was ich bisher vermißt hatte: die Puppen „kamen über den Schirm", das heißt, daß sie stark genug waren, um die Zuschauer das dazwischengeschaltete technische Medium vergessen zu lassen.

Ins Kapitel Fernsehen gehört noch einmal die „*Oma aus Stuttgart*" hinein. Sie ist die bekannteste Figur des Ensembles geworden und das nicht zuletzt durch ihre Fernsehauftritte. Sie fing 1953 im Regionalprogramm des SDR damit an. Damals durfte ich noch nicht für sie selber sprechen. Durch alle die Jahre hindurch trat sie in den verschiedensten Sendungen auf, als Moderator oder als Würze am Rande, als Kontrastfigur oder als Identifikationsträger. Nicht zu vergessen sind ihre verschiedentlichen Werbeaufträge. Den Höhepunkt ihrer Fernsehkarriere bildeten die Auftritte im Schaukelstuhl, die fast drei Jahre lang regelmäßig über den Bildschirm liefen. Auch dabei versuchten wir gemeinsam mit der TV-Redaktion verschiedene Wege zu gehen, von der freien Rede, wobei mir die Anregung durch das Publikum fehlte, bis zum (vor-)geschriebenen Text, an den ich mich an-

Bild links: „Abenteuer mit Telemekel und Teleminchen": „Der Malermeister"

fangs nicht halten konnte. Eine wesentliche Erleichterung und Verbesserung der Fernseharbeit brachte die elektronische Aufzeichnung der Produktionen mit sich. Hatte beim Filmen vielfach der Kameramann die zusätzliche Aufgabe, durch sein Sucherbild die Stellung der Puppe oder die Blickrichtung einzurichten bzw. zu korrigieren, konnte nun der Puppenspieler auf dem Monitor selber sehen, was seine Puppe machte und wo sie hinschaute. Wenn man sich an das seitenverkehrte Bild gewöhnt hatte, war der Monitor fast dem Spiegel gleichzusetzen. Jede Einstellung, jede Szene konnte jetzt sofort nach der Aufnahme wieder abgespielt und kontrolliert werden, es konnte Einspruch erhoben werden gegen gravierende Mängel oder wenn nicht gut genug gespielt worden war, es waren jetzt Diskussionen möglich über das „wie anders", wenn eine Aufnahme zwar sauber, aber irgendwie „ohne Pfiff" ausgefallen war. Da man dem Akteur nicht selbst mitteilen kann, was er anders machen soll, mußte vorher die Korrektur über den Spieler gehen, der oft nicht verstehen konnte, was gemeint war, weil er nicht sah, wie das Spiel seiner Kreatur aussah. Das kann für alle Beteiligten recht quälend sein. Wenn eine Szene zum 20. Mal wiederholt werden muß, weil jedes Mal etwas anderes schief läuft, herrscht im Studio Explosionsgefahr. Da hängt der Puppenspieler hoch oben zwischen den Scheinwerfern in einer Affenhitze mit dem Bauch über dem Geländer der hydraulisch hochzufahrenden Plattform, „Giraffe" genannt, hat seine Marionette an den bis aufs äußerste ausgestreckten Armen hängen, wartet auf das Zeichen, daß aufgenommen wird – und bemerkt nach einer Minute, daß sich Regisseur und Kameramann über etwas nicht einig sind und diskutieren. Oder der Puppenspieler kniet halbliegend hinter einer Abedeckung, muß sich ducken, daß nichts von ihm, sondern nur die Puppe zu sehen ist, die er nach vorn halten muß, während er versucht, im Monitor zu kontrollieren, der hinter ihm steht. Es ist eine harte Arbeit, das Puppenspielen, und wenn man gerade nicht „dran" ist, zermürbt das Warten die Nerven.
Zwei Jahre lang wurde im Studio Roser an den Puppen und im WDR-Studio in Köln an den Aufnahmen zum „Fliewatüüt" gearbeitet, einer Sendefolge nach einem Kinderbuch von Boy Lornson. Es war ein umfängliches Werk, an dem viele Puppenspieler mitwirkten, in Buoch saßen wir zu fünft bis in die Nächte an den Marionetten, die kleinste war eine Maus mit sieben Zentimeter Länge, die größte war das Ungeheuer von Loch Ness, das schwimmen und sich auf dem Wasser von zwei auf acht Meter ausdehnen konnte. Dabei handelte es sich um das „Modell", der „Originalkopf" war allein etwa zwei Meter lang und wurde über Hebel und Perlon„fäden" geführt, die eher Stricken glichen und trotzdem immer wieder rissen, weil sie das Gewicht plus Hitzeentwicklung von Scheinwerfern nicht aushielten. Es war eine ungemein aufwendige Produktion, in der das Spiel

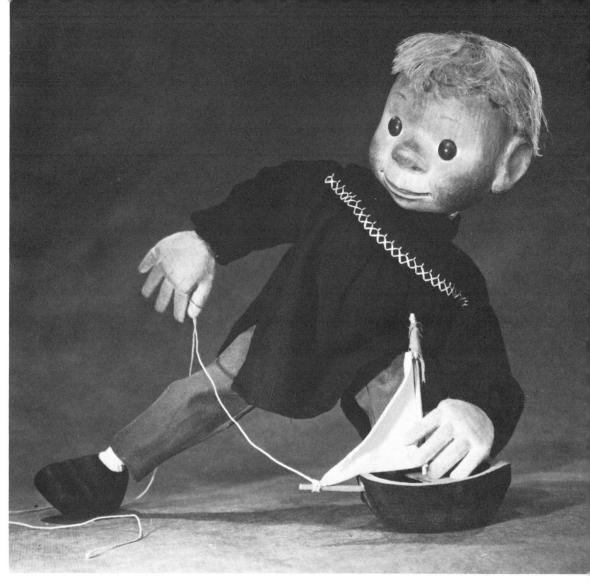

„Maxl" – Von 1957 bis 1959 Titelfigur beim Bayerischen Werbefernsehen

Madame Thekla und Charlie, ihr verstorbener Gemahl, aus dem Fernsehfilm des SDR „Pension Schicksal" von Oliver Hassenkamp, der 1978 in sechs Teilen gesendet wurde

der Puppen von der Bemühung um technische Perfektion des Apparates in den Hintergrund gedrängt wurde und den Puppenspieler frustriert zurückließ. Bei den Kindern fand die Sendung allerdings großen Anklang, sie wurde wohl auch nach USA verkauft, was einer deutschen Produktion recht selten passiert.

Im Jahr 1974 schlossen sich mehrere Puppenspieler zu einem Team zusammen und begannen gemeinsam mit einem Fernsehregisseur (Voges) und einem Bühnenbildner (Spoeri) für den SDR eigene Produktionen zu entwickeln. Die Puppenspieler waren die Steinmann's und unsere Belegschaft. Die Geschichten wurden jeweils von einem Puppenspieler oder von Voges vorgeschlagen, im Team besprochen (und kritisiert) und endgültig von dem entschieden, der im einzelnen für diesmal das Sagen hatte. Die Regie wechselte, das Bühnenbild stammte in allen Fällen von Spoeri, von ihm auch alle Puppen für die Produktion ,,Der Held", Peter und Benita Steinmanns Produktion hieß ,,Der Gulp" und meine eigene ,,Der dritte Ton". Zwischen diesen geplanten passierten noch zwei weitere Sendungen mit dem Figurenarsenal, das wir inzwischen hatten und Geschichten, die von einem professionellen Stückeschreiber stammten und den Puppenspielern so wenig zusagten, wie die Puppenspielergeschichten den Fernsehleuten. Über diesen Stand unserer Beziehungen kamen wir noch nicht hinaus. So entstanden wohl ansehbare Puppen in verschiedenen Führungstechniken, gute Dekorationen, gutes Spiel im einzelnen, an dem noch mehrere Puppenspieler mitwirkten, aber trotzdem keine überdurchschnittliche Sendung. Wie in den Theatern fehlte es auch hier an einer Entwicklung, die nur gemeinsam mit Puppenspielern und Autoren in die Wege geleitet werden kann, die zu gemeinsamen Anstrengungen bereit und zur Erkenntnis der Notwendigkeiten beider Medien fähig sind.

Im Herbst 1977 wurde eine Sendereihe ,,Pension Schicksal" gedreht, die Geschichten hatte Oliver Hassenkamp erfunden: eine hellseherisch begabte Witwe, Madame Thekla, bekommt die entsprechenden Tips ,,geistweise" von ihrem verstorbenen Mann und läßt sie sich von der Kundschaft gut bezahlen. Thekla und ihr Mann Charlie sind Marionetten, alle anderen Mitspieler menschliche Schauspieler: ein interessantes Experiment! Die Marionetten entstanden während meines USA-Aufenthaltes. Bemerkenswert ist eine Führungstechnik, die dafür entwickelt wurde und erlaubt, Marionetten in einem erheblich vergrößerten Aktionsradius zu spielen, ohne daß der Spieler dabei seinen Standort verlassen muß.

Abschließend zum Fernsehkapitel muß ich noch die zahlreichen Sendungen und Interviews erwähnen, die ich auf den weiten Reisen in fast allen Ländern mitgemacht habe. Es gab aufschlußreiche Momente dabei, etwa, dann, wenn das gesamte Licht im Fernsehstu-

„Das Hondebott" – Hauptfigur in den Filmen des SDR „Der 3. Ton" und „Das Hondebott"

dio eingeschaltet wurde, indem der verantwortliche Beleuchter den zum Haken gebogenen Draht mit seiner eigenen Hand in die andere, ebenfalls so geformte und blanke Leitung einhängte. Mit einem kleinen Knall und einem sprühenden Funken schnappten die beiden Haken zusammen, der Stromkreis war geschlossen und das Licht brannte.
Diese Pragmatik war nicht zu überbieten, und wahrscheinlich kam es nur darauf an, den Schalthaken rechtzeitig loszulassen. Techniken wie diese haben mich unseren eigenen perfekten Vorrichtungen gegenüber etwas freizügiger gemacht. Ich habe gelernt, wie man Anschlüsse mittels blanker Drähte und Holzstückchen aus nicht passenden Steckdosen bekommt. Aber die fürs Fernsehen eigentlich nötige Erleuchtung ist auch mit solchen Tricks nicht zu schaffen. Die Zeit oder andere Begabungen und Konstellationen werden's bringen – oder Autoren, die sich mit dem Medium Puppenspiel für den Bildschirm auseinander- und mit den Puppenspielern zusammensetzen.

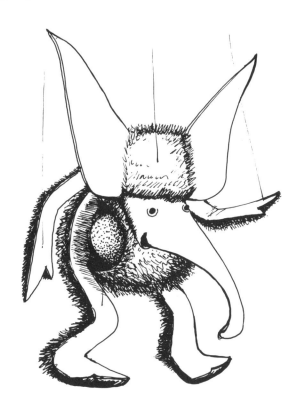

16. Kapitel
Gustafs Publikum

Das Kapitel müßte fast mit einer Liebeserklärung beginnen, wie dieses Buch mit der Widmung: an unser Publikum, diesen *ausschlaggebenden Bestandteil unserer Vorstellung,* dessen Bedeutung für Gustaf und sein Ensemble ich schon einige Male anklingen ließ. *Ihre* Mitwirkung bei unserem Spiel bleibt ein Phänomen, das mich nach wie vor beschäftigt und in Erstaunen versetzt. Es gehört zu unserem Puppenspiel, zu seiner Magie, zum nicht Erklärbaren, Irrationalen, und es ist die Ursache, wenn wir eine Vorstellung als Gelingen empfinden. Die Dualität, die sich im Spiel und für das Spiel entwickelt hat, ist die Basis meiner Arbeit geblieben. Ich spiele für Sie, das Publikum, nicht für eine „Szene" oder für die Fachwelt. Ich habe mich immer um den Kompromiß bemüht, d. h. Ihnen und mir Entgegenkommen zugetraut oder zugemutet, das sich irgendwo in der Mitte trifft. Zugeständnisse habe ich versucht zu vermeiden – Zugeständnis wäre es, wenn ich versucht hätte, meinerseits nur auf Sie einzugehen, wenn ich nicht erwartet und erreicht hätte, daß Sie sich Ihrerseits in Bewegung setzen.
Publikum ist ein Sammelbegriff – es besteht aus einzelnen Menschen. Sie sind nicht zu kategorisieren. Mein Vater gehörte zu meinem Publikum. Er stand meiner Puppenspielerei kritisch gegenüber, bis ich für ihn persönlich an seinem 70. Geburtstag mit „Siggi" spielte, einer Bross-Marionette von starkem Reiz, die ich damals im Programm hatte mit einer Nachtszene auf der Straße. Mein Vater war wie umgewandelt, er sah plötzlich die Möglichkeiten und war Feuer und Flamme, wo er vorher gezweifelt und gewarnt hatte.
Es sind nicht *die* Jungen oder *die* Alten, *die* gehobenen oder *die* normalen Schichten, weder die Reichen noch die Armen, auch nicht die Linken oder die Rechten – Gustafs Publikum setzt sich zusammen aus allen Altersklassen und allen sozialen Schichten – ein weiteres Phänomen, das nicht so recht zu ergründen ist, und das ich von Anfang an beobachten konnte. Bei den Landfrauen in Stuttgart fühlte sich Gustaf deplaziert, bis beim Hinausgehen eine aus der schweigsamen Schar sich umwendete und zu mir sagte „ond wer ziagt ons?" (und wer zieht uns?).
Jahrelang spielten wir auf Betriebsfesten, für die Grobschmiede der Fa. Winkler wie für die Austrägerinnen der Stuttgarter Zeitung, für den Stuttgarter Gemeinderat wie für das Direktorium von Daimler-Benz. Einen besonderen Platz nimmt hier der Sioux-Indianer ein, das Firmenzeichen der weithin bekannten Schuhfabrik meines Freundes Peter Sapper. In Form einer fast lebensgroßen Schleuderpuppe feierte die Rothaut das große Fir-

menjubiläum mit, nachdem Gustaf mit seinem Ensemble viele Jahre anläßlich von Festen aufgetreten war und die Betriebsangehörigen fanden, daß ohne die Oma kein Betriebsfest vollkommen sei.

Ina von Vacano kam nach einem Sommerurlaub in den Mittfünfzigerjahren zurück und erzählte, wie rasch sie von Stuttgart per Anhalter nach Köln gekommen sei – ein BMW habe gehalten, der Fahrer sei nervös, schnell und absolut sicher gefahren, habe von dem Violinvirtuosen Schneiderhahn geschwärmt und sei interessiert an einer Vorstellung – wie und wo wußte sie nicht mehr. Da sich solches Interesse oft nachträglich als höfliche Konversationsbelebung herausgestellt hatte, vergaßen wir es, bis eines Tages ein Herr vor der Tür stand, mit einer Gustafpostkarte in der Hand. Es war Direktor Silcher von Bayer Leverkusen, der das Ensemble ins Park-Hotel in Stuttgart engagierte zu einer Tagung, ohne das Spiel vorher gesehen zu haben. Als ich mich darüber verwundert äußerte, lächelte Direktor Silcher leicht und bedeutete mir, er wisse, daß unsere Darbietung für sein Vorhaben richtig liege. Er hatte recht. Eine Kette von Veranstaltungen ergab sich, und eine herzliche Verbindung, die unsererseits von großem Respekt vor Fähigkeiten begleitet war, die wir zum ersten Mal aus nächster Nähe erleben konnten.

Solche ,,Schlüssel"-Vorstellungen gab es immer wieder. Beim Richtfest der Sparkassen-Versicherung mit Direktor Gustav Ernst begann eine neue Reihe von Engagements und neue freundschaftliche Verbindungen. Baden-Baden holte uns zum Olympischen Komitee, aber auch, als Ibn Saud dort mit seinem Hofstaat den Verantwortlichen einiges Kopfzerbrechen bereitete. Eines der alten renommierten Hotels war für den König aus dem Morgenland und seine Familie nebst Leibwachen, Ministern, Dienern und Managern reserviert. Bundesgrenzschutz sicherte den Park, an der Hotelpforte wurden wir von einem deutschen Herrn in Zivil erwartet und in einen Warteraum geführt, wo auf Kissen Teile des fürstlichen Hofes saßen und rauchten. Es war alles fremd und seltsam, wir durften keinen Schritt allein gehen, und nur der Hotelier verbeugte sich *nicht* bis zum Boden. Leibwachen mit Hand am Dolch umgaben den Tisch, auf dem ich für den gähnenden, sich räkelnden Ibn Saud und seine Gesellschaft spielte – an der Wand mir gegenüber Herr Meier von der Kriminalpolizei, beide Hände in den Rocktaschen, die sich einprägsam ausbeulten. Das machte Laune! Bei Nacht und strömendem Regen verließen wir die unmusische Stätte, Reporter mit Kameras umringten uns, sowie wir außerhalb des Parks die Bewacher hinter uns hatten und drangen mit Fragen auf uns ein. Als sie unser Metier zur Kenntnis genommen hatten, ließen sie enttäuscht von uns ab.

Wir spielten im Jugendwohnheim, wir erlebten, daß die Burschen uns ohne Aufforderung beim Kofferschleppen nach Schluß halfen, nachdem sie uns dabei vor Beginn mit ver-

schränkten Armen zugesehen hatten. Wir spielten im Altenheim, von wo uns nach einigen Tagen eine Postkarte von der uralten Pauline Eitel erreichte, eine Lobes- und Dankesadresse, die mit den Worten schloß: „... und fahret mit Gott durch die Lande!"
Wir zeigten unser Marionettenspiel vor dem verehrten Bundespräsidenten Theodor Heuss in der Redoute in Bad Godesberg, und wir agierten für seine Nachfolger, Heinrich Lübke und Gustav Heinemann. Wir bespielten die Konferenz der Kultusminister, als sie unter der Leitung des baden-württembergischen Kultusministers Dr. Storz in Stuttgarts Solitude tagte.
Kettenreaktionen lösten die Rektoratsfeste der Universitäten in Tübingen und Heidelberg aus. In den späten Fünfzigerjahren erlebten wir manchen aufgekratzten Abend. Die Nobelpreisträger trafen sich in Saarbrücken und luden Gustaf ein und tanzten anschließend bis vier Uhr morgens, es war ein lebendiges Fest nach einer vorzüglichen Vorstellung. Internationale Kongresse mehrerer Fakultäten folgten, Chirurgen, Internisten, Kinderärzte und Zahnärzte engagierten uns – auch zu Jubiläen, Geburtstagen, Hochzeiten und Verabschiedungsfesten. Krankenhäuser ließen uns für Ärzte und Schwesternschaft spielen, manchmal auch für die Patienten. Vorstellungen für Behinderte veranlassen einen besonders starken unterbewußten Rückfluß von den Zuschauern auf den Darbietenden. Neben den Engagements unserer großen Kunden wie IBM und Bosch und Sparkassen und Bayer und Württembergische haben wir immer versucht, mit Gustaf und seinem Ensemble auch öffentlich zu spielen, „theatermäßig", so daß jeder eine Eintrittskarte lösen kann. Nachdem hiesige Agenturen und Theater nichts unternehmen, starteten wir die entsprechende Werbung und versuchten es selbst, hier in Stuttgart. *Unser* Publikum kam in Scharen! Und brachte (und bringt hoffenlich auch in Zukunft!) mit zur Vorstellung, was irgend zu mobilisieren war, in der Verwandtschaft, Freundschaft, Bekanntschaft, in Vereinen und Betrieben. Es wächst von Mund zu Mund. Auch die Presse nimmt ab und zu Notiz von Gustaf, das Feuilleton freilich kann sich's eigentlich nicht leisten. Ein Schauspieldirektor wollte uns gar „nur über seine Leiche" im Kammertheater auftreten lassen. So hehr ist unser Musentempel, und so gar nicht entsprechend schienen ihm die Puppenspieler. Gustaf trat aber trotzdem dort auf – ohne die Leiche, natürlich.
In Basel ließ uns das eingesessene Marionettentheater im Zehntenkeller am Münsterplatz schon vor fast 20 Jahren en suite spielen, ebenso St. Gallen, im neugebauten Theater, später folgte Genf, schließlich im Theater am Hechtplatz Zürich und Luzern in Emils Theater. Dazu zählen auch Veranstaltungsreihen des Goethe-Institus in einigen Hauptstädten wie Paris und Mexico City, Jakarta und Madrid. In Tokyo wird vom japanischen modernen Puppentheater PUK federführend organisiert und veranstaltet, in Montreal war es der

deutsche Pavillon auf der Weltausstellung, in Storrs/USA die Universität – auch hier wird die Vielfalt der Ansätze sichtbar. Außer dem Goethe-Institut hat sich wenig eingespielt, dafür auch wenig festgefahren.

Ein für mich neuartiges Publikum traf ich bei den sogenannten Lehrveranstaltungen. Sie begannen auf Anregung von Dr. Krüger, als er Leiter des Goethe-Instituts in Manchester/England war, mit einer „Lecture demonstration", einer systematisch aufbauenden Erklärung der Marionetten, die ich in meiner Vorstellung zeige. Ich begann, über das zu reden, was ich seither nur gespielt hatte. Inzwischen stand ich für ein Semester vor einem Dutzend amerikanischer Studenten und stellte fest, daß Unterricht viel mit Theater zu tun hat. Man muß selber dauernd in Bewegung sein, beweglich sein, um das Lernpublikum bei der Stange, das heißt in Bewegung zu halten.

Lehrstunden sind Vorstellungen, bei denen die Zuschauer dem Lehrer ausgeliefert sind. Sie dürfen deshalb so anspruchsvoll sein, weil sie anfällig sind für Langeweile aus Interesselosigkeit, die von beiden Seiten her den Unterricht zum Erliegen bringen kann. Davor hatte ich am meisten Angst. Es war ein gewagtes Unterfangen.

Nach Nordamerika kam ich zum ersten Mal, als ich 1967 mit Gustaf und seinem Ensemble für den deutschen Pavillon auf der Weltausstellung in Montreal/Kanada engagiert wurde. Das 14tägige Gastspiel verhalf dem deutschen äußerlich schwungvoll-spektakulären Zeltbau mit seinem formalistisch unterkühlten Ausstellungsangebot zu der „Schlange" vor den Eingängen, an einzelnen Tagen sogar zu der „Schlange mit Schwanz", dem heißbegehrten Zeichen von Besucherandrang. Der mutige Entschluß der deutschen Pavillonleitung unter Konsul Demann bewirkte, daß Kollegen aus anderen Ländern nun auch im Pavillon ihres Landes auftreten durften und nicht nur im *Pavillon de Jeunesse (Pavillon der Jugend)* anläßlich der Puppentheaterwoche. Für uns resultierte aus diesem Engagement die gegenseitige Bekanntschaft mit nordamerikanischen Kollegen und die Beseitigung eines mir anhaftenden Vorurteils: wer Raum auszustellen in der Lage ist, wie es die USA dort taten, konnte nicht so uninteressant sein, wie ich mir eingebildet hatte. Die Kontakte führten uns zunächst 1971 nach Nashville zur Jahrestagung der Puppeteers of America (POA), weitere Gastspiele, auch für die Goethe-Institute, folgten 1973, und 1975 als Abschluß einer 139 Tage dauernden „around-the-world-tour". Wir zeigten anschließend an eine Vorstellung für die State University of Connecticut in Storrs eine Lehrschau (workshop), die den Leiter der Fakultät für Puppenspiel an dieser Universität, Frank Ballard, zu der Anfrage an mich veranlaßte, ob ich als Gastdozent für einige Zeit nach Storrs kommen wolle. Er setzte es auch durch, zusammen mit dem Leiter des Drama Departments, John Herr, nachdem ich eine Zeitlang geschwankt hatte und schließlich zusagte: ich hatte noch nie vorher eine regelrechte Lehrtätigkeit ausgeübt. Nun sollte ich zum ersten Mal und gleich in einer fremden Sprache ein Semester lang unterrichten. Ich übergehe die umständlichen Vorbereitungen. Eines schönen Februartages 1977 flogen wir über den großen Teich, nachdem im Januar „Der dritte Ton" fertig geschnitten worden war und Gustaf mit seinem Ensemble nach 25 Jahren zum ersten Mal umgezogen war, am Tag vor der Abreise eines der Autos noch schnell verkauft und die längst fällige Steuererklärung abgegeben worden war. Erwartungsvoll saßen sie da, Studierende des Puppenspiels verschiedenen Grades, Männlein und Weiblein. Einige kannten meine Vorstellung vom Jahr 1975, die meisten wußten von *dem Neuen* nicht viel mehr, als daß er nicht gerade perfekt Englisch spreche. Ich betonte, daß ich auf Mitarbeit angewiesen sei. Und sie arbeiteten mit, obwohl wir es manchmal nicht leicht hatten miteinander. So verschieden waren unsere Voraussetzungen. Handwerkliche Fertigkeiten können dort viel weniger vorausgesetzt werden als wir es hier gewohnt sind, dafür war das Spielen mit den einfachen Marionetten, die entstanden, sehr ergiebig – gelöster, phantasievoller, eigenständiger und freier von Hemmungen als bei uns. Als ich hier in Stuttgart beim Studium Generale nach wochenlanger gemeinsamer Arbeit und Übung den Kursteilnehmern zumutete, eine kurze Szene einzeln vorzuspielen, erschien zum nächsten Kursabend fast niemand mehr! So stark war die Angst davor, sich exponieren zu sollen.

Das Ergebnis des Semesters war im Bildnerischen sehr unterschiedlich, im Spielerischen gut. Die Abschlußaufführung von Einzelszenen und einer gemeinschaftlich erarbeiteten Szene mit Tücherpuppen fand ein positives Echo in der Universität. Daneben hatte einer der Studenten der Universität sich von einer der 1975 entstandenen Tücherpuppen anregen lassen und ein Stück geschrieben für Menschen und Puppen, das eingeübt und aufgeführt wurde. Es fiel immerhin so interessant aus, daß ein Theater am Broadway in New York diese „Verwirrung der Fäden" (Mind of Strings) auf seinen Spielplan setzte.

Mit den Studenten verband mich bald ein herzliches Einverständnis. Das Verhältnis zwischen Lehrer und Studenten war intensiv und unkompliziert. Sie brachten ihre Eltern in die Vorstellungen von Gustaf und seinem Ensemble, die innerhalb der Universität gegeben wurden. Fünf der sechs Vorstellungen waren ausverkauft! Die „standing ovation", das Zeichen für Hochachtung des Publikums, wurde für uns fast zur Gewohnheit, und für die Studenten ihren Eltern gegenüber ein gutes Argument zu Gunsten ihres Studiums. An Wochenenden und im Anschluß an das Semster gaben wir weitere Gastspiele bis hinüber nach San Luis Obispo in Kalifornien, wo der Jahreskongreß der POA stattfand und wo ich eine weitere Arbeitsgemeinschaft übernommen hatte. Eine Einladung zu einem Sommersemester 1979 konnte ich leider am Ende doch nicht annehmen. Sonst hätte ich hier zu viel Boden verloren mit meinen Anliegen. Ich will mich so lange hier in der Bundesrepublik, genauer in Stuttgart für eine umfassende Ausbildung zum Puppenspieler einsetzen, als ich einen Sinn und eine Möglichkeit sehe, sie durchzusetzen.

Nächste Seite: „Spiritual"

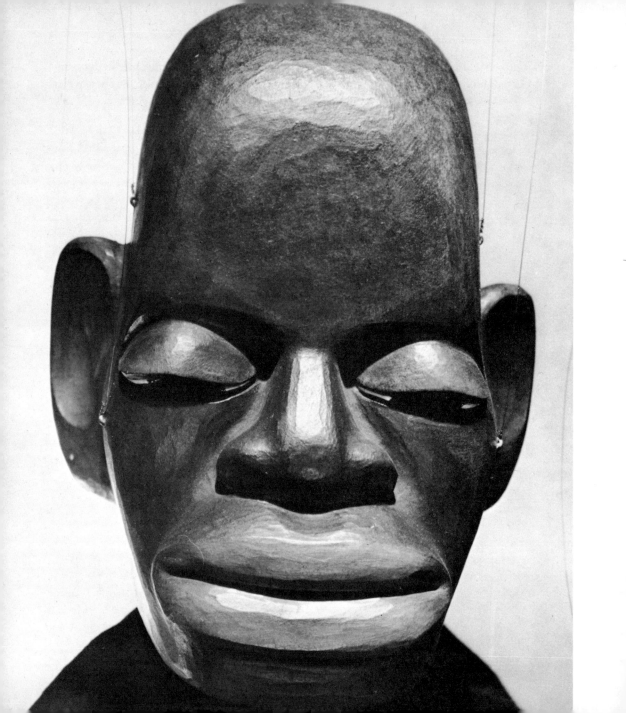

17. Kapitel

Spielend um die Welt

Die Überseereisen begannen 1964 mit einer 10tägigen Schiffsreise von Genua nach Rio de Janeiro und von da mit Flugzeugen und Autos um den ganzen Kontinent, durch alle Länder im Uhrzeigersinn herum bis Carracas, und von dort per Schiff wieder zurück nach Genua. Es ist nicht möglich, über alle meine großen Reisen in diesem Buch zu berichten, es sei denn, ich beschränkte mich auf eine Aufzählung wie im ersten Satz. Aber das wäre natürlich keine Beschreibung, und ich würde diesen Reisen nicht gerecht. Jede von ihnen war wie ein volles Leben für sich. Nachdem ich für dieses Buch alle Reisen in einer Liste zusammengestellt hatte, wunderte ich mich selber, wie man so viel(e) Leben aushalten konnte. Es ist nützlich und interessant, im eigenen Tagebuch nachzulesen. So erinnert man sich an die Vorbereitungen – ich goß sogar Gustafs Kopf und den einiger anderer Ensemblemitglieder in Silikon-Kautschuk ab, auf alle Fälle! – Mit großem Bahnhof von Angehörigen und Freunden wurden wir auf dem Stuttgarter Hauptbahnhof verabschiedet, wo wir das Gepäck diesmal mit ins Abteil nahmen, denn wir mußten nach Genua über Chiasso, und hatten die Pleite mit unserem Gepäck nicht vergessen, die Gustaf das Konzept schon einmal verhunzt hatte und die erste Vorstellung an der Mailänder Piccola Scala hatte platzen lassen. Wir standen am nächsten Tag auf dem Schiff „Federico C" und überzeugten uns davon, daß die Ladekräne u. a. auch unser Gepäck in den Schiffsbauch hinabließen. Dann spielte die Bordkapelle, Hunderte und Aberhunderte von Papierschlangen bildeten die letzte Brücke zum Festland, langsam legte das Schiff ab, Tränen, Rufe, Winken – der sonore Ton der Schiffssirene erweckte in Genua vielfältiges Echo. Das Feuerwachtschiff begleitete uns aus allen Rohren spritzend, bis der Lotse von Bord ging. Die „Federico C" nahm Kurs aufs offene Mittelmeer. Nach einem kurzen Anlegen in Barcelona, wo wir fast zu spät aufs Schiff zurückgekommen wären, passierten wir Gibraltar, glitten ein wenig an der afrikanischen Küste entlang, um dann Kurs Südwest zu nehmen, hinaus auf den Atlantik. Stundenlang konnte ich dem Meer zuschauen, seinem Wellengang, dem Atmen des Elements, dem Spiel zwischen Wasser und Luft, das in unzählbaren Variationen Geburt, Sein, Altern und Vergehen zeigt, unerschöpflich schöpferisch. Keine Form bleibt, gewaltig oder sanft, alles sinkt zurück ins Element, in die Bereitschaft zu Neuem.

„Uno per tutti, tutti per uno!" sagten unsere lustigen italienischen Ober, wenn sie uns servierten und die Teller bis über den Rand schwungvoll füllten. Mit unterhaltsamen

Nichtigkeiten, wie Bällen und Spielen, gingen die erholsamen Tage am Abend zu Ende, wenn die Nacht in immer neuen Nuancen den Tag ablöste und das Meer zuerst in bleiernes Grau, dann in Pechschwarz tauchte, und wir müde vom Schwimmen, Tischtennis, Tontaubenschießen oder Shuffle-board uns zum fünften Mal umgezogen hatten und uns mit den anderen Passagieren zusammen unterhielten. Schreckliche Geschichten über Südamerika wurden da aufgetischt, und einige stellten sich später sogar als wahr heraus. Aber das bekümmerte uns einstweilen nicht. Losgelöst vom Alltag, sogar ein bißchen von Gustaf und seinem Ensemble, genossen wir die Reise. Tagebuch: „Lust zum Arbeiten gleich Null. Warum auch? Ein Blick auf das mondglänzende Meer ist mehr als man je arbeiten kann!"

Die Äquatortaufe fand bei verhangenem Himmel statt. Das Segelschiff auf meinem Rücken, das man mir draufgemalt hatte, sah man noch nach einem Jahr – so war es eingebrannt, so hatte mich die Sonne durch den Dunst hindurch geküßt. Eines Abends tauchte gegen die untergehende Sonne das erste Segel des südamerikanischen Kontinents als Silhouette auf. Es war eines jener Flöße, die schwarze Fischer bauen und mit Segeln versehen, um auf Fischfang zu fahren – ein gefährliches Unternehmen, immer wieder bleibt eines dieser primitiven Fahrzeuge auf dem Meer. Das hörten wir als Erzählung von den gastfreundlichen Schwarzen in dem Fischerdorf, das wir auf einem Ausflug von Bahia Salvador aus in abenteuerlicher Fahrt mit einem VW-Bus durch Sand und Sumpf erreichten. Zunächst allerdings mußten wir erst in Rio gut angekommen sein, wir standen wie bestellt am Kai, wurden aber durch ein Versehen des Goethe-Instituts nicht abgeholt. Am nächsten Morgen ließ Ina auf dem Weg zum Flugplatz erfolglos, Gott sei Dank – nacheinander ihren Mantel im Hotel, ihre Handtasche im Taxi und ihre Bordtasche auf dem Flugsteig hängen. So steht's im Tagebuch, die Aufregung um solche Ereignisse kann sich nur vorstellen, wer weiß, daß in der Handtasche u. a. der Paß mit allen Visa und die Hälfte der Reisekasse in Traveller-Checks steckte, dazu die schon eingetauschten brasilianischen Moneten.

In Bahia Salvador hatten wir die erste Vorstellung im Goethe-Institut – sie verursachte einigen Wirbel, denn nirgends war bis zu diesem Moment durchgedrungen, daß Gustaf und sein Ensemble auch für brasilianisches Publikum verständlich war. Telegramme an alle Veranstalter in Südamerika sollten diese Informationslücke schließen. Unser Mann in Bahia improvisierte in der Universität dort eine spektakuläre Vorstellung für 400 farbige Studenten. Für uns war es ein märchenhafter Einstieg in die neue Welt. Seitlich hochkant hatte ich mich in der ersten Nacht nackt aufs Bett gelegt, ich fürchtete kein Auge zu schließen, so heiß war es auch im Hotel. Air-condition war damals noch selten im Süden des amerikanischen Kontinents. Ich schlief dann trotzdem ausgezeichnet, nachdem ich eine halbe Stunde lang unter einer riesigen Dusche gestanden hatte, die sich wie ein Tropenregen lauwarm und trotzdem erfrischend über mich ergoß. Bilder über Bilder tauchen vor mir auf von diesen ersten Tagen, vom bunten, verrückten Treiben auf dem neuen Markt, von der Atmosphäre auf dem alten Markt, wo früher die Sklaven zum Kauf ausgeboten wurden, vom Leuchtturm, vom schwarzen Kokosmilchverkäufer, der an der Straße kauerte und mit zwei Hieben seiner Macheta die Kokosnuß aufschlug deren laue Süffigkeit die Fremde auf die Zunge brachte. Wir lernten die Perimbão kennen, ein Musikinstrument und den Maniok, die weiße, kartoffelmehlartige Zuspeise zu den Riesenportionen von Rindfleisch, die man als ,,baby beef" bestellt. Die Oma aus Stuttgart hatte ja von ihren Gastrollen in Portugal und Spanien schon einige Vorübung. Sie war dankbar, daß brasilianisch doch entschieden einfacher auszusprechen war als portugiesisch.

In Rio wohnten wir an der Copa Cabana und genossen das Treiben an diesem berühmten Großstadt-Badestrand. Der damalige Bundespräsident Heinrich Lübke reiste vor Gustaf her und machte von sich reden, er erweckte große Sympathien bei den Südländern und eine Unzahl von Anekdoten bei seinen Landsleuten, die vor und hinter der Hand erzählt wurden. Unsere Vorstellung in Rio litt unter dem Schatten dieses Good-will-Ereignisses, denn alle Kräfte waren auf den hohen Besuch konzentriert worden.

Die ersten langen Flüge über endlose grüne Regenwälder machten mir verständlich, daß Menschen sich in dieser übermäßigen Weite manifestieren, indem sie Wolkenkratzer bauen: São Pãolo tauchte auf aus der von mir heißgeliebten Naturlandschaft und ich war froh darüber! Was ,,großzügig" bedeutet, lernte ich zum ersten Mal in diesem Land kennen, wo man innerhalb der Universität nur mit dem Omnibus von einer Fakultät zur anderen kommen kann. Wir sahen eine Schlangenfarm, und begannen mit den dort lebenden Deutschen zu diskutieren über Land und Leute, über innere und äußere Politik. Überall brodelte es – für Südamerika ein natürlicher Vorgang. Wir trafen wenig Menschen, die dort wirklich ,,wurzelten", zu Hause waren, festhielten. Selbst ein Pfarrer in einer kleineren Gemeinde sagte ,,wenn ich das Geld hätte, würde ich da und dorthin auswandern!" Wir staunten über die Exklusivität der verschiedenen Auswanderungswellen aus Deutschland und hatten unvergeßliche Begegnungen mit deutschen Juden, die nach wie vor ,,drüben" wurzelten und sich in der Theaterszene Berlins oder Münchens besser auskannten als wir. Ein Schulchor im Süden Brasiliens sang brasilianische Lieder für uns, während wir einpackten. Wir tranken Mate-Tee aus dem Holzkürbis mit ihnen und ließen uns beibringen, wie man diese Cuia (Holzkürbis) mit Mate-Tee (Chimarão) richtig füllt, wie heiß das Wasser sein muß, das man in kleinen Mengen aufgießt, und wie man die

Bomba oder Bombischa (Metallsaugrohre) in der Cuia anordnet, damit jeder seinen Schluck aus der im Kreis herumwandernden Cuia bekommt. Eine Rundfahrt durch das Land um Porto Allegre schloß den Brasilienbesuch ab. „Ich begriff, daß hier die Hoffnung stärker ist als alles andere" (Tagebuch).

Mit Flugzeugen, Omnibussen und Taxis reisten wir über Montevideo bis Salto und Paysandu in Uruguay, wir spielten in Buenos Aires, in Rosario, Cordoba und Mendoza, wir flogen über die Anden nach Santiago de Chile und gaben Vorstellungen in Viña del Mar, in Valparaiso, in Conception, Arica und Antofagasta. Dann folgte der Flug durch ein enges Tal hoch hinauf aufs Alti Plano, nach La Paz, Hauptstadt von Bolivien, 4000 m hoch. Ein unbeschreiblich schöner Flug! Nach dem Landen legt man sich vernünftigerweise zuerst für eine Stunde im Hotel aufs Bett, um sich an die Höhe zu gewöhnen. In fünf Tagen waren drei Vorstellungen zu geben – und unendlich viel zu sehen, vom Indianermarkt bis zu den Johannisfeuern, die von den Indianern überall auf den Höhen rings um die Stadt in diesen Nächten abgebrannt wurden, um im nächsten Jahr Regen zu haben – das große Problem der ganzen Region östlich des Humboldtstromes. Wie überall versuchten wir, originale Volksmusik wenigstens auf Schallplatten mitzubekommen.

In Peru bestaunten wir die Schilderung aztekischen Lebens in den Sammlungen der Tongefäße. Abends, nach der Vorstellung in der deutschen Schule beugte sich jemand aus dem dichtgedrängten Kreis von Interessenten vor und sagte leise „es gibt Sauerbraten und Spätzle!" Ein Moment, auf der schon zweieinhalb Monate dauernden Tournee, in dem man nicht glaubt, was man hört – nicht weil man ohne Schwäbisches nicht leben könnte, sondern weil man unterschwellig viel daran gedacht hat und deshalb die vertrauten Laute für Halluzinationen hält. Nach Lima ging es wieder auf 2800 m Höhe hinauf und in Äquatornähe. Quito, die Hauptstadt von Ecuador, erreichten wir über Guayaquil, die Hafenstadt des Landes, wo wir während unseres 40-Minutenaufenthaltes durch die überall herumlaufenden und fliegenden Riesenkakerlaken ein knirschendes Gruseln kennenlernten. In Quito gab es kein Goethe-Institut, dort veranstaltete die Botschaft – der Abflug bleibt unvergeßlich: der verantwortliche Herr in unserer „Interessenvertretung" bestellte mich zu sich, um sich zu verabschieden, appellierte an mein Verständnis, daß er mich mit meinem Gepäck nicht zum Flugplatz fahren lassen könne, sein Auto sei nagelneu – und draußen war ich. Taxi kam kein's, weil es in Quito alle halbe Stunde einen tropischen Platzregen gibt und deshalb die wenigen Taxis dauernd unterwegs sind. Schließlich erbarmte sich das Hotel und transportierte Gustaf und sein Ensemble zusammen mit Speisekübeln im schmierigen Küchenkraftwagen zum weit außerhalb gelegenen Flugplatz.

Die Tournee endete mit einer Episode in Carracas, wo ich quasi abspannte und den Brustbeutel mit der Barschaft nicht mehr um den Hals, sondern in der Gesäßtasche trug. Da war er dann nicht mehr, nachdem ein kurzes Gedränge veranstaltet worden war, das mich Gringo für Sekunden einkeilte und ablenkte.

Die Wut über die eigene Dummheit ebbte erst langsam auf der Heimreise ab. Das Schiff „Surriento" war zwar mit der „Federico C" nicht zu vergleichen, aber 14 Tage in einer Indianerhängematte auf Deck bei gutem Wetter in leichter Brise schaukelnd über den Atlantik nach Hause zu schippern, ist allemal eine Erholung. Sie war nötig, die letzten Tage hatten uns den Rest gegeben mit zusätzlichen Spielen, TV-Auftritten und Interviews. Das gab's zwar alles vorher auch schon, schlug aber nicht so zu Buche wie am Ende der Tournee. Es war eine fantastische Reise mit anstrengenden Gastspielen, die oft Pioniercharakter hatten. Mit einheimischen Puppenspielern waren wir kaum in Berührung gekommen, eigentlich nur mit Deutschen, die als Liebhaberei Puppentheater betrieben. Erst auf den späteren Reisen ergaben sich Verbindungen und Kontakte mit dem lateinamerikanischen Puppentheater, das analog zur wirtschaftlichen und kulturellen Situation der Länder einstweilen andere Zielsetzungen und Probleme hat als das europäische, zumal es noch jung ist und am Anfang seiner eigenen und eigenständigen Entwicklung steht.

Nächste Seite: „Der Storch auf seinem Morgenspaziergang"

18. Kapitel

Die Traumreisen

Die reinen Flugreisen begannen 1965 mit der ersten Tournee nach dem fernen Osten. Eine neue Art des Reisens kam auf uns zu. Das Gepäck, Gustaf und seine Requisiten wurden auf Gewicht visitiert und womöglich ausgehöhlt. Eingehende Unterrichtung seitens des Goethe-Instituts begleitete eine Impfserie, wie wir sie noch nie über uns ergehen lassen mußten. Die Reiseapotheke schwoll an. Am 4. Januar gings in Eis und Schnee zum Flugplatz nach Echterdingen. Vier Bühnenkoffer und zwei Privatkoffer wogen auf der eigenen Waage 123 kg, bei der ortsansässigen Lufthansa 163 kg, in Frankfurt beim Umsteigen wieder 123 kg. Eine Erstattung müsse ich nach Beendigung der Reise beantragen! wurde mir auf meinen Protest hin bedeutet. Zum Glück hatte ich vorgesorgt und dadurch genügend Reserven. Auch an das kitzlige Gefühl von Traveller-Schecks über vierstellige Zahlen in der Tasche gewöhnt man sich. In Rom schien eine blasse Vorfrühlingssonne, bei der nächsten Zwischenlandung in Kairo war es warm. Die arabischen Schriftzeichen signalisierten, daß hier eine andere Welt begann. Aus der Nacht tauchte dann wie ein orientalisches Märchenschloß der Flugplatz von Dharhan auf mit illuminierten Spitzbögen und dunkeläugigen Turbanträgern. Um Mitternacht landeten wir in Karachi, unserer ersten Gastspielstation auf der weiten Reise.

In weniger als einem Tag versetzte uns das moderne Transportgerät Flugzeug in ein Land, in ein Klima und zu Menschen, von denen man nur gelesen oder ungläubig staunend Geschichten gehört hatte, die einen nichts angingen. Das ist ja alles so weit weg, weiter als die Türkei dahinten. Nun waren wir da, wie mit dem fliegenden Teppich. Ich wurde das Gefühl nie los, durch einen Zauber versetzt worden zu sein. Mit dem alten Begriff von Reisen hatte das nichts mehr zu tun.

Der erste Morgen im Hotel sah mich, wie ich den detaillierten Anweisungen folgend mit einem Tauchsieder das Zahnputzwasser abkochte. Es kochte im Nu, und wie!

Das kochende Wasser spritzte durch das ganze Badezimmer, und nur in meinem extra klug mitgebrachten Metallbecher war nichts mehr drin. Ich füllte nach, zog ab und zu den Stecker, und versuchte mit allen möglichen Tricks, abgekochtes Wasser zum Zähneputzen zu bekommen. Aber der Tauchsieder war zu stark, er war stärker als alle Anweisungen. Es blieb bei diesem einzigen Versuch. Ab sofort putzte ich meine Zähne mit Whisky. Die zweite Asienreise 1967 begann in – Irland! Im Peacock-Theatre hatten wir ausgepackt. Unser Verstärker funktionierte nicht! Es half kein Schütteln und kein leichter

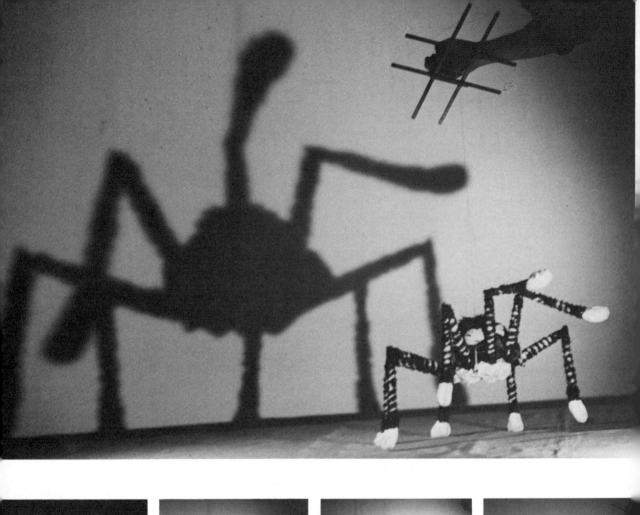

Schlag mit meiner dabei manchmal glücklichen Hand. Er tat es nicht mehr. Der Schweiß spritzte mir nervös von der Stirn. Wir hatten an jenem Abend einen Sound im Saal, der mir den Magen herumdrehte, das irische Publikum aber nicht im mindesten störte, im Gegenteil. Über den Geräte-Lautsprecher und ein Mikrophon des Peacock lief unser Band ab. Am nächsten Morgen versuchten wir alles Mögliche – ohne Erfolg, es war Sonnabend. Unsere nächste Anlaufstelle hieß Cypern. Dort bemühten sich Fachkundige um unser defektes Gerät, und brachten einen der beiden Kanäle wieder zum Tönen. Die Vorstellungen strapazierten meine Nerven. Erst in Kabul fand sich ein schweizer Elektroniker, der in einer Nacht sämtliche Lötstellen des Apparates erneuerte. Ein Stein fiel uns vom Herzen und erleichterte uns zusätzlich zu dem, was wir schon bis dahin an Gewicht durch die Aufregungen verloren hatten.

1974 begann die Reise mit einem 26stündigen Flug bis Rangoon. Wir kamen um 18.00 Uhr Ortszeit in der Hauptstadt von Burma an, empfangen von einer burmesischen Regierungsdelegation und dem deutschen Botschaftsrat. Das Goethe-Institut, das es 1965 dort noch gegeben hatte, war inzwischen aufgelöst worden, wir hatten als Gäste der Deutschen Botschaft 1967 drei kuriose Wochen in diesem Land zugebracht und genossen jetzt, ohne weitere Fragen und ohne das mühsame Ausfüllen von Formularen lediglich einige Male unterschreiben zu müssen. Dann eröffnete man uns, wir hätten eine gute halbe Stunde Zeit, im Hotel zu ruhen und uns umzuziehen, dann sei Empfang beim Kultusminister. Ich weigerte mich zuerst. Nach 26 Stunden im noch so komfortablen Flugzeug reichte es mir. Aber der Botschaftsrat versicherte mir, da sei nichts zu machen. Wir dinierten inmitten der charmanten, heiteren Gastgeber bei abendlicher Kühle von 30° im offenen Holzpavillon ganz unkonventionell und ließen uns das vorzügliche Essen schmecken. Um Mitternacht Ortszeit sanken wir nach 32 Stunden in die Hotelbetten, vergaßen Klimawechsel, Flug, Burma und sogar Gustaf für ein paar Stunden.

Am nächsten Tag legten wir zusammen mit unserem Botschafter am Grab der Nationalhelden von Burma hochoffiziell Kränze nieder. Nur Staatsoberhäuptern und Kulturträgern wird diese Ehre zuteil. Das Gefühl war neu für uns, und einmalig, nehme ich an. Wir fanden uns groß auf den Titelseiten aller Zeitungen. Als Staatsgast ist man doch etwas! Rangoon, die Stadt, die Swedagon Pagode, das Hotel Inya-Lake, alles fand ich genauso wieder vor, wie ich es von 1965 und 1967 in Erinnerung hatte: ein seltenes Ereignis in dieser schnellebigen Welt. Burma hat eine ausgesprochene und alte Tradition im Marionet-

Linke Seite: „Seltsamer Reigen nach fernöstlicher Musik"

tenspiel. Tänzer ahmen dort die Bewegungen der Marionetten nach. Uns zu Ehren fand Menschentanz und Marionettenspiel parallel statt, eine makabre Atmosphäre, ein groteskes Bild.

Den Subkontinent, Indien und Pakistan, konnten wir diesmal überspringen. Auf den beiden ersten Tourneen hatten wir genug mitbekommen zwischen Bombay und Calcutta, zwischen Khyberpaß und Madras. Eine Flut von Eindrücken überströmt mich beim Niederschreiben der Namen. Gesichter brannten sich ins Gedächtnis, Landschaften und Bauten von unendlicher Schönheit, Gerüche steigen aus den Buchstaben, und der Schweiß rinnt mir von der Stirn, wenn ich an pakistanisches Essen denke. Dabei war es angeblich nicht einmal original scharf, sondern schon für den Europäer gezähmt. Ob wir vor den Ryots (Massenausschreitungen) in *Hyderabad* flohen oder in ein anderes Taxi steigen mußten auf dem Weg zum Flugplatz in Calcutta, weil der Fahrer in der Dunkelheit des frühen Morgens die Rikscha mit den Eisenstangen nicht gesehen hatte, die ihm den Wagen von vorne und hinten demolierte, nachdem er draufgefahren war, ob wir mit der Fokkerfriendship vor Bangalore beinahe abgestürzt waren, während wir ein Gewitter durchflogen, oder ob wir in Ahmedabad über dem Fluß im Freien inmitten von Moskitowolken spielten, während der Transformator uns in stinkenden Rauch hüllte und wir nicht nur kratzten, sondern auch husteten während unserer ganzen Vorstellung – niemand regte sich dort über etwas auf, außer uns. (Mein Nebensitzer allerdings äußerte laut „heiligs Blechle" nach einem zweimaligen Absacken unserer Maschine im Gewitter, in das angsterfüllte lautlose Abwarten hinein. Es war einer der Boschler, die in Bangalore an einem Entwicklungsprojekt mitarbeiteten.) Und morgens um 6.00 Uhr stand der Room-Boy vor der Zimmertür im Hotel und schien sie zertrümmern zu wollen, wenn man nicht aufmachte: bed-tea Sir, sagte er und stand schon hinter einem im Zimmer drin – da half kein Bitten und kein Geschrei, nur Bakschisch. Wir hatten unterschiedliche, manchmal ausgezeichnete Spiele, wie in Madras für die Studenten der Technischen Hochschule. Es gab dort großes Gelächter, weil unsere Oma aus Stuttgart nicht verstanden wurde. Sie hatte nämlich ein paar Worte von der Sprache gelernt, die in Madras gesprochen wird: die Studenten nicht, sie waren aus allen Teilen Indiens, und jeder Landesteil hat seine eigene Sprache, die nicht etwa nur ein Dialekt einer gemeinsamen Hochsprache ist.

Der indische Tanz faszinierte mich. Er hat den Menschen zum Thema und zum Mittelpunkt und ist von Grund auf an ein anderes Lebensgefühl als das europäische gebunden. Der Tabla (indische Trommel) wollte ich stundenlang zusehen und zuhören. In Udaipur, der Hauptstadt von Rajastan, dem Böhmen des Subkontinents, arbeitete Sri Samar in seinem staatlich geförderten Institut an der Erhaltung und Neubelebung der Volkskunst und besonders des indischen originalen Puppenspiels. Wir erlebten nicht nur die erstaunliche Handfertigkeit, die zur traditionsreichen Volkskunst gehört, sondern gaben unsererseits eine Vorstellung in einem Freilichttheater für 1500 Menschen, bei der stundenlange Reden vom Minister über den Bürgermeister bis zum Direktor des Theaters gehalten wurden und unserem Spiel drei Stunden lang Akrobatik und indisches Puppentheater voranging.

Wir flogen nach Dacca, ich konnte mich vor Hexenschuß kaum rühren und lag im Hotel flach, wenn ich nicht vollgepumpt mit Pillen spielte oder wieder zum Flugplatz gebracht wurde. Wir landeten in Burma – Rangoon, wo wir im Saal des Rundfunks bei diesem ersten Besuch eine glänzende Vorstellung vor 500 Besuchern hatten, die das damals noch bestehende Goethe-Institut in einer Eigen-Versandaktion von 2000 Einladungen zusammengebracht hatte. Andere Aktivitäten waren von der Regierung damals verboten worden.

Thailand, das Land der Freien, empfing uns freundlich gelassen, Bangkok war 1965 noch nicht die Touristenattraktion und auch noch nicht US-Truppen-Hinterland. Mit dem Tempelbezirk, mit dem Museum und der obligaten Klongfahrt (Klong = Wasserstraße) mit Marktgängen und mit TV-Aufnahmen und Vorstellungen waren die Tage randvoll. Gustaf bekam eine extra Blumenkette. Eine Aufführung des alten Schattentheaters wurde für uns arrangiert, bei dem die Spieler mit ihren zwei Meter hohen Lederbildern vor die Leinwand treten und durch ihren Tanz mitteilen und vertiefen, was der Vorsänger mit Worten beschreibt.

An Saigon denke ich heute noch mit gemischten Gefühlen zurück. Im Hotel war zwei Zimmer weiter in der Woche zuvor eine Bombe explodiert. So war die gesamte Atmosphäre. Während unserer ersten Vorstellung flogen Bomber über die Stadt – niemand wußte, welcher Nationalität: ich suchte mit den Augen eine Deckung, hinter die ich mich im Notfall werfen konnte.

Ceylon mit Elefanten und Saphiren, die Philippinen mit Vulkanen, Taiwan mit seinen Museumsschätzen, Singapore mit tausend kleinen Garküchen, Hongkong mit dem Nachtmarkt und dem Tiger-Balm-Garden: jedes wäre ein Kapitel für sich. In der Liste fehlen noch Indonesien mit Jakarta, Bantung, Surabaja und Bali, wo wir 1974 die letzten Tage des Jahres mit Ausruhen, Kennenlernen des balinesischen Tanzes und seinen Masken zubrachten, um im Januar drei Wochen lang in Australien gastieren zu können. Wem beim Lesen der Kopf schwirrt, dem konnte ich den richtigen Eindruck der Asien-Reisen vermitteln. Sie waren die Wunsch- und Traumreisen des Puppenspielers, eine Sensation an interessantem Erleben, und eine Anspannung aller Sinne und aller Kräfte. Das Mekka und der Höhepunkt aber war und ist Japan. Die japanische Auffassung von Kunst in ihrer Mischung aus Abstraktion und Realistik regt mich an, das eindringlich Einfache, die leidenschaftliche Geduld, die geistige Bewältigung der Materie sind für mich beispielgebend. Bunraku zeigt die höchste Entwicklungsstufe des Puppentheaters, soweit ich es kenne und beurteilen kann. Die kunstreich geformten und mit sinnvoll perfekter Technik ausgestatteten Theaterfiguren werden von je drei sichtbaren Spielern offen und mit höchster Ausdrucksintensität geführt. Die davon ausgehende Faszination läßt die Zuschauer für Augenblicke die Folgen fürchten, wenn die Puppenspieler die Puppe loslassen würden. So überzeugend strahlen diese ein Eigenleben aus, so unglaublich glaubhaft wirken die vollendeten Formen in der Interpretation alter Sagen und Mythen.

1965 schien Gustaf und sein Ensemble nichts zu bewirken als fernöstliche Höflichkeit beim japanischen Publikum und bei den Fachleuten neugieriges Interesse, das sich in einer zweistündigen Foto-Orgie nach einer Vorstellung austobte. Die absolute Stille während dieser ersten Gastspiele ist unvergeßlich, die Zuschauer waren akustisch nur durch das Geräusch von Verschlüssen der Fotoapparate und das Surren der Filmkameras vorhanden. Am Schluß stand ein langer, aber schwer deutbarer Applaus. Mit dieser Erinnerung gingen wir in die zweite Tournee von 1974. Sie wurde das Gegenteil aller Befürchtungen. Die Reaktionen konnten wir uns nicht besser wünschen. Die Organisation lag diesmal in Händen eines modernen japanischen Puppentheaters, dessen Gründer und Leiter Taiji Kawajiri vor jeder Gustaf-Vorstellung eine kleine Einführung hielt. Alle sieben Vorstellungen waren in Tokyo überfüllt, auch in den anderen Städten lief alles nach Wunsch. Die Wogen schlugen immer höher, wir wurden vorzüglich betreut und tauchten mit allen Fasern in dieses Land. Im Herbst 1979 findet die nächste Japanreise statt, diesmal für sechs Wochen – mit einem vor fünf Jahren geplanten Austausch. Wir hatten damals einen japanischen Mönch besucht, der Nô-Masken macht. Wir verabredeten, daß eine Nô-Maske mit mir nach Hause reisen und eine von mir gebaute Marionette im Haus des japanischen Künstlers bleiben soll. Dieser Austausch bedeutet mir mehr als ich mit wenigen Worten sagen kann. Vor allem wird die Maske ein Maß, eine Richtschnur für meine eigene zukünftige Arbeit sein.

Wir kehrten zurück von den weiten Reisen, aus den Träumen, von der Ferne, und als die erste Asientournee im April 1965 beendet war, beschloß das Ensemble kurzerhand, nicht direkt nach Hause zu fliegen, sondern eine kurze Besinnungspause zwischen Reise und heimatlichen Trubel zu legen. In Athen hatten wir ohnehin eine Zwischenlandung, es war Osterzeit. Zwischen Europa und Asien kreuzten wir mit einem kleinen Schiff durch die griechische Inselwelt und erlebten die Osternacht auf Pathmos, nachdem wir tagelang auf Aigina unsere Beine nach all dem Fliegen und Fahren in Bewegung gesetzt hatten und uns mit Genuß ,,ausgelaufen" hatten. Es war eine kurze, aber wohltuende und notwendige Erholung und die Ruhe vor dem heimatlichen Sturm, der uns erwartete: 99 Tage, 139 Tage oder ein halbes Jahr, wie lange immer die Reisen waren, am Ende arbeiteten wir zu Hause die Vergangenheit auf und die Zukunft vor für Gustaf und sein Ensemble.

Letztes Kapitel

Das war's, für's erste...

Es ist etwas völlig anderes daraus geworden, als ich mir vorgestellt hatte. So ging es mir immer mit meinen Vorhaben. Es gehört zum schöpferischen Vorgang bei mir, wie die Überschreitung der Termine.

Ich hoffe, mein Thema nicht erschöpfend behandelt zu haben, denn selbstverständlich wollte ich Sie nicht erschöpfen. Andererseits fühle auch ich mich nicht erschöpft. Ich habe noch Verschiedenes vor.

Dennoch – und auch deshalb – ist das Buch ein Fazit geworden. Als Darstellung eines Puppenspielerlebens soll es Neugierde befriedigen und Interesse wecken, es soll einiges Wissenswerte vermitteln und Anreiz geben, den Beruf des Puppenspielers einmal näher anzuschauen, ihn „in Betracht zu ziehen!" Er ist voller Mühen und Freuden. Eines gibt es nicht ohne das Andere. Er ist jung, neu und voller Möglichkeiten, und dadurch auch unsicher und mit Risiken verbunden. Er ist zeitnah, aktuell und steht nicht abseits: das Puppentheater befähigt uns, Beziehungen wieder herzustellen, die zu viele von uns verloren haben. Wir brauchen sie heute mehr als je, die geistig-seelischen Beziehungen zwischen Menschen. Sie kommen aus unterbewußten Schichten, sie sind kaum zu erklären und doch wirksam wie Liebe und Haß.

Beim Schreiben habe ich entdeckt, daß Schreiben noch schwieriger ist, als ich gedacht hatte (aber auch interessanter). Ich habe mein Lebtag nicht so viel radiert wie in diesen Monaten, in denen ich das Buch aus mir herauspreßte. Man wird durch das Schreiben in eine Verbindlichkeit genötigt, die man nicht geahnt hatte und schon deshalb nicht beabsichtigen konnte.

Man wird sich bewußt, wieviel man erlebt hat, und wieviel man schon wieder vergessen hat. Auf meinen Reisen blieb in den fernen Ländern da und dort ein Stück meines Selbst hängen. Eigentlich könnte von diesem Selbst nicht viel übrig sein. Aber es wächst nach, und so viel die Fremde nimmt, gibt sie – oder mehr. Ich habe mich nicht in der Fremde verloren, sondern gefunden. Ich glaube es wenigstens.

Dieser Beruf erfüllte und erfüllt mein Leben über Erwarten. Er gab mir die Möglichkeit, mich restlos einsetzen zu können, um der Kunst des Puppenspiels zu dienen. Wenn es überhaupt Rezepte gibt für eine so komplizierte Sache wie Leben, scheint mir das eines davon zu sein. Mein Ziel war und ist die Harmonie, nicht die Konfrontation, Entwicklung durch Beispiel von der Basis unbeirrten Festhaltens an bestimmten Werten und

Maßstäben her, und nicht Veränderung nach zeitbedingten und modisch kurzlebigen Kriterien. Ich stimme für die Evolution und gegen die Revolution, ich bin gegen jede Gewalt, auch die „nur" intellektuelle und für beharrliche, geduldige Arbeit im Dienst der Entwicklung des Menschseins in Körper, Geist und Seele.

Bei Bekenntnissen angelangt, muß ich hinzufügen, daß dieses Leben auch Schattenseiten hatte und hat. Der Beruf fraß mich auf, und ich ließ es nicht nur zu, sondern wollte es so. Darunter hatten alle zu leiden, die mir nahe standen, und daran hat sich wenig geändert. Mir fehlt noch die Balance, die ich liebe und in den Marionetten suche. Vielleicht muß neben Erfüllung und Gelingen auch Unvermögen und Schuld stehen. Es gab Zeiten, wo mich nur der Schlaf aus der Verzweiflung lösen und wieder so weit herstellen konnte, daß das Leben am nächsten Tage weiterging.

Was bringt die Zukunft? Ich weiß es nicht, ich habe nur eine Ahnung davon. Ich bin so neugierig darauf, daß ich schon deshalb gerne 150 Jahre alt würde, oder besser im nächsten Leben gleich wieder als Puppenspieler auf der Welt sein möchte. Die eigenständige Entwicklung der Kunst des Puppen- oder Figurentheaters steckt noch in den Anfängen. „One generation opens the road, upon which another generation travels" (Eine Generation bahnt den Weg, auf dem die nächste Generation reist). So lautete der Weisheits- und Zukunftsspruch, den ich am Tag meiner Ankunft in Boston 1977 in meinem chinesischen Orakel-Gebäck fand. Kongeniale Zusammenarbeit ist für die vom Bildnerischen ins Darstellerische übergreifende Kunst notwendig. Es wird noch eine Weile dauern, bis das soziale Ansehen und der „Trend" solche Entwicklungen zulassen. Kommen werden sie, denn diese Kunst weist in die Zukunft.

ENDE

Weitere Titel in dieser Reihe:

Oscar Heiler
Sind Sie ein Schwabe, Herr Häberle?
150 Seiten. 17 Abbildungen. Leinen. DM 23.–
(3. Auflage)

Arthur Benseler
Kennen Sie Schwäbisch Afrika?
180 Seiten. 55 Abbildungen. Leinen. DM 26.–

Trixini
Der Magier mit dem Blauen Stein
156 Seiten. 47 Abbildungen. Leinen. DM 25.–

Bei Ihrem Buchhändler!

BLEICHER VERLAG, Postfach 70, D-7016 Gerlingen